Dirk Grosser · Jennie Appel

Drachenboot & Donnerkeil

FANTASIEREISEN
FÜR MUTIGE SCHILDMAIDEN
UND STARKE WIKINGER

Mit Illustrationen von Brigitte Kuka

AURUM

INHALT

EINLEITUNG

Mit unserer Kinderbuch-Reihe, die nun schon vier Bücher umfasst, verbindet uns unglaublich viel!

2013 haben wir unser erstes „Du bist nie allein!"-Buch geschrieben, um an die vielen zauberhaften Wesen zu erinnern, die unsere Kinderzimmer bevölkerten, unsere Fantasie anregten und unsere Spiele bereicherten. Unser Ziel war es, allen Eltern und Großeltern erdende, ermutigende und freudvolle Geschichten an die Hand zu geben, die es ihnen ermöglichen, sich gemeinsam mit den Kindern auf innere Abenteuerreisen zu begeben. Es folgten mehrere CDs, eine Edition für „Kleine Yogis und Yoginis" und dann wurde aus dem ursprünglichen Projekt in der unglaublichen 10. Auflage 2019 „Zauberwald & Zwergenkraft", in welchem unsere Geschichten durch liebevolle Illustrationen ein „Gesicht" bekamen. Einige Zeit darauf folgte dann mit „Bärenstark & Falkenfrei" ein neuer Band, der sich hauptsächlich um die Tiere und Fabelwesen des heimischen Waldes kümmerte. Und immer wieder erreichen uns zahlreiche E-Mails, Briefe und liebevoll gemalte Bilder, die uns vor Augen führten, wie sehr die Kinder die Zwerge liebgewonnen hatten, wie hilfreich die Abenteuer mit den Tieren und anderen Wesen für die Kinder waren - und manchmal auch für deren Eltern. Wir erfuhren von kraftvollen Bildern, die sich auf der Visionssuche gezeigt haben, und von unverzichtbaren Krafttiererlebnissen. Viele dieser äußerst berührenden Rückmeldungen kamen nicht nur von Familien, sondern auch von Erziehern und ihren Gruppen, Lehrer*innen und ihren Schulklassen, von Kinderpsychologen und ihren jungen Klienten, aus Hospizen und aus

Wohngruppenprojekten für Kinder - und immer wieder auch von Yogalehrern. 2014 legte Jennie ihre Yogalehrerprüfung ab und erfuhr ganz nebenbei nach dem Satsang, dass unser Buch in einigen Kinderyogalehrer-Ausbildungen als Standardwerk empfohlen wird. Diese enorme Resonanz erfüllt uns mit Freude und Dankbarkeit, und wir sind immer wieder davon überrascht, wie vielfältig das Buch eingesetzt wird. Gleichzeitig legte dieses wunderbare Feedback einen Samen, der sich beständig entwickelt hat und nun zu diesem weiteren Herzensprojekt führte: einem neuen Buch mit Meditationen und Fantasiereisen, die den Fokus auf die Mythen, Märchen und wundervollen Göttersagen unserer Kultur setzen. Unser Arbeitstitel „Little Vikings“ kam 2019 auf, als wir mit unserer Ausbildungsgruppe „Magie des Nordens" auf den Spuren unserer Ahnen wandelten und unsere spirituellen Wurzeln neu beleben. Alle Teilnehmer*innen sagten, dass es so etwas doch auch für Kinder bräuchte ... Sie wässerten damit den Samen, der bereits in unseren Herzen war und der sich nun zum vorliegenden Buch „Drachenboot & Donnerkeil“ entwickelt hat.

Dieses Buch beinhaltet einerseits Fantasiereisen, in denen in kindgerechter Form fast vergessene Sagen, einige Archetypen und nordische Gottheiten auftauchen, andererseits auch geführte Meditationen, die die Kinder durch ein bestimmtes Tier an altes Wissen heranführen. Sie öffnen einen inneren Raum, in dem sie sich sicher und geborgen fühlen. Gleichzeitig erleben sie spannende Abenteuer und erfahren ganz nebenbei etwas über das alte Wissen unserer Kultur, das lange sehr verschüttet war und sich erfreulicherweise immer größerer Beliebtheit erfreut. Wir schreiben zur gleichen Zeit „Urkraft des Nordens“ für die Erwachsenen und dürfen immer wieder feststellen, wie viel Urkraft in den Menschen entfacht wird, wenn sie sich mit diesen Wurzeln beschäftigen und etwas davon in den Alltag überführen können. Es erschien uns nur folgerichtig, auch einen gewissen „Pagan Spirit“ für die Kinder zu vermitteln, sie mit in diese bunten Welten zu nehmen und damit zum Erhalt dieser Urkraft und Lebendigkeit beizutragen. Bei allen Vorgängerwerken war erkennbar, wie sehr unsere jungen Zuhörer*innen u. a. die Natur wertschätzen, Qualitäten der wohlwollenden Neugier und der Lernbereitschaft ganz natürlich entwickeln und ihre lebendige Kreativität erhalten. All diese Qualitäten erscheinen uns heutzutage besonders wichtig und insbesondere die Naturverbundenheit liegt uns zutiefst am Herzen. Unsere heutigen Kinder werden mit ihrer inneren Weisheit die Zukunft gestalten und alles, was unserer Erde dienlich ist, ist für die kommenden Generationen ein Geschenk. Durch das Vorlesen sind wir als Erwachsene während der Reisen an ihrer Seite, sind sozusagen mit ihnen unterwegs. Wir begleiten die Kinder auf ihren Abenteuern, lernen mit ihnen, wachsen mit ihnen, sind ihre Freunde auf dem Weg. Und dies muss auch nach der Reise nicht aufhören, sondern kann in Spiele und somit in den Alltag münden ... Ein paar Inspirationen haben wir dazu im hinteren Teil des Buches zusammengestellt.

Mögen die kraftvolle Bilderwelt und der Zauber des Nordens alle „Reisenden“ berühren und in neue fabelhafte Welten führen, die das Leben in unserer Alltagswelt lebendig und kreativ bereichern.

KINDER UNTERWEGS IN INNEREN WELTEN

Zu allen Zeiten und in allen spirituellen Traditionen haben sich die Menschen auf die eine oder andere Art mit dem Göttlichen in der Welt verbunden. Sie haben ihren Geist meditativ in sich selbst, in bedeutsame Lebensfragen oder das Göttliche hineinsinken lassen, wurden angesichts des Mysteriums des Lebens ganz still. Das Göttliche wohnt in uns allen und wird nur mit verschiedenen Namen bezeichnet, in verschiedene Geschichten gekleidet und mit verschiedenen Gesten zum Ausdruck gebracht. Wir alle drücken auf unsere Art das Göttliche in der Welt aus und können ganz ungeachtet unserer (natur-)religiösen Ausrichtung meditative Erfahrungen machen - und dies auch und gerade im Austausch mit anderen kulturellen Hintergründen und damit einhergehenden frischen Impulsen. Durch Meditationen und Geschichten, Mythen, Sagen und Märchen erlangen wir einen tiefen Zugang zu unserer Seele und der großen Seele, die allem, was ist, innewohnt. Wenn wir diesen Zugang nutzen, können wir mit jedem Wesen und dadurch mit allem Sein Verbundenheit erfahren. Auf dieser verbundenen Ebene begegnen wir auch uns selbst in einer Tiefe, die alle Facetten enthält, die uns im Innersten ausmachen: unsere Menschlichkeit ebenso wie unsere Göttlichkeit, unsere Verletzlichkeit, unsere Stärke, unsere Würde, unsere Sanftheit, unsere spielerische Wildheit und unsere tiefste Wahrheit. Auf ganz neue Weise spüren wir unser pochendes Herz, unseren Atem und unsere Lebendigkeit. Und genau aus diesen Gründen meinen wir, dass in einer so lebendigen und aufgeweckten Phase wie der Kindheit Mythen und Geschichten eine wichtige Rolle spielen. Die uralten Göttergeschichten enthalten zentrale Themen, mit denen sich früher oder später nahezu jeder Mensch konfrontiert sieht - und durch jede einzelne davon, der wir intensiv zuhören, entsteht ein Weg in unsere eigene Seele. Nach und nach ergibt sich aus all diesen Wegen eine innere Landkarte und eine Idee davon, wie die eigene „Heldenreise“ aussehen könnte. Kindern hilft das Lauschen und Erleben dieser Geschichten, auf dieser Landkarte neue Wege zu entdecken, auch einmal abseits ausgetretener Pfade unterwegs zu sein (also nicht wie üblich auf eine gegebene Situation zu reagieren), unbekannte Gegenden zu erkunden und Lieblingsplätze zu kennzeichnen. Sie können anhand der Fantasiereisen ausprobieren, welche Schritte diese Götter (oder diese Tiere/Fabeltiere) gemacht haben, wenn etwas schwierig wurde, oder erfahren, welche kreativen Tipps sie haben. Göttergeschichten und Fabeln versinnbildlichen die großen Kräfte, die in jedem von uns stecken - unsere Ressourcen, die wir mitbringen und entwickeln können. Was ist da naheliegender, als gleich in der Kindheit diese Ressourcen zu erkennen und zu fördern? Dazu haben wir die fast vergessenen kraftvollen und vielschichtigen Götter des nordischen Götterhimmels in diesem Buch versammelt und ihre Geschichten in meditative Fantasiereisen einfließen lassen. Die Inspiration, die diese göttlichen und natürlich auch die tierischen Wesen bieten, können die Kinder stärken und ermutigen, sowohl zu ihrer Andersartigkeit zu stehen als auch ihren Träumen zu folgen oder ihre Talente zu erkennen und auszudrücken. Während des Erlebens auf einer inneren Reise erfährt sich das Kind ganz natürlich in den Qualitäten, die angesprochen werden. Zunächst ist es vielleicht nur in der

Reise so intuitiv wie eine Seherin, mutig und erfinderisch wie Skadi oder gelassen wie eine Kuh, doch nach und nach werden sich diese Qualitäten ganz spielerisch im Alltag entfalten und wachsen. Die Kinder werden nicht mehr „aus Spiel“ mutig wie ein Wikinger oder verwurzelt und genährt wie ein Baum sein, sondern diese Eigenschaften ganz natürlich verwirklichen.

Während der Meditationspraxis kommen wir und auch die Kinder zur Ruhe, fühlen uns nahezu ablenkungsfrei in unseren Körper ein, achten auf unseren Atem, lassen unsere Gedanken wie Wolken am Himmel vorüberziehen und gönnen unserem „Affengeist“ eine erholsame Pause. Wir entspannen und können so leichter regenerieren. Gleichzeitig kultivieren wir eine frische und unverstellte Geisteshaltung, die jeden Moment als neu und frei von Erwartungen willkommen heißt. Wir kommen tatsächlich im viel beschworenen Hier und Jetzt an. In diesem Augenblick, in dem die Vergangenheit keine Rolle spielt und die Zukunft noch nicht da ist, können wir alles wieder ins rechte Licht rücken, was uns zuvor sehr beschäftigt oder gar gesorgt hat. In dieser wohltuenden Lücke, in der Stille unseres Geistes, kann unsere Intuition Einlass finden und uns ganz natürlich den für uns passenden Weg weisen.

Wenn wir Kinder mit einer geführten Meditation beschenken, wird ihr Geist, nachdem er behutsam in die Ruhe geführt wurde, in dieser Offenheit mit positiven Bildern „gefüttert“, während die Passagen der Reisen, die ein freies „Sehen“ ermöglichen, Raum für ihre eigene Weisheit bieten. Suggestion trifft Intuition, gespanntes Lauschen trifft auf die Bereitschaft, geschehen zu lassen. Wir wandeln auf dem Weg des Wechsels aus Anspannung und Entspannung, aus Ruhe und Bewegung.

Durch die geführten Meditationen bekommen die Kinder Zugang zu sich selbst, zu tieferen Regionen ihrer Seele, die auf diese Weise durch Bilder mit ihnen kommuniziert. Ihre Seele verfügt dadurch über eine Sprache, die sie verstehen und die für die Entdeckung ihres eigenen Weges hilfreich sein kann. Kombinieren wir dies mit kreativem Ausdruck (Malen, Nachspielen, eigene Geschichten erfinden ...) oder Körperübungen zur Entspannung, Yoga oder Ähnlichem, so geben wir darüber hinaus dem Gehirn vielfältige Anregungen zur Vernetzung der einzelnen Hirnareale und dadurch ist es gerade in einer Zeit des Lernens und Heranwachsens eine wundervolle geistige Unterstützung für Kinder.

Auf vielerlei Weise erlangen Kinder so Zugang zu ihrer inneren Weisheit, stärken die Verbindung zu ihrem eigenen Herzen bzw. Bauchgefühl und verfügen somit über einen inneren Kompass, der ihnen Zeit ihres Lebens äußerst nützlich sein kann.

Wenn wir uns gemeinsam mit ihnen auf eine innere Reise begeben, indem wir die Rolle der vorlesenden „Reiseleitung" übernehmen, dann knüpfen wir ein Band zwischen uns, können uns über das Erlebte austauschen, erfahren zusammen Momente der Ruhe und Achtsamkeit, können gemeinsam eine Pause vom Alltag machen und miteinander Ausgeglichenheit und ein friedliches oder auch ein mutiges Herz erlangen. Wir tanken zusammen mit den Kindern Kraft und erleben sowohl uns selbst als auch die Kinder auf neue Weise.

DIE WIKINGER: SEEFAHRER, ABENTEURER, HÄNDLER UND ENTDECKER

Piraten, Jedi-Ritter, Astronautinnen, Amazonas-Forscher und Drachenzähmerinnen ... Kinder lieben Abenteuer, lieben Geschichten über Mut und Begegnungen mit wilden Tieren, über Reisen in unbekannte Länder und den Zauber des Unbekannten. Und daher kann man die meisten Kinder auch für das Wikinger-Thema begeistern, denn hier gibt es einen riesigen historischen wie auch mythologischen „Spielplatz", der der eigenen Fantasie viel Raum bietet.

Die dänischen, schwedischen, norwegischen und isländischen Seefahrer, die hauptsächlich Bauern und Händler waren und nur auf ihren berüchtigten Raubzügen als Wikinger[1] bezeichnet wurden, hatten nicht nur einen ungeheuren Entdeckerdrang, sondern auch eine reiche mythologische Vorstellungswelt, die der Nachwelt viele faszinierende Geschichten über sehr menschliche Götter und Göttinnen, Seemonster, Riesen und Zwerge beschert hat.

Oft wurden diese Angehörigen nordischer Seefahrervölker als Barbaren oder tumbe Haudraufs geschildert, doch archäologische Funde wie auch die überlieferten Geschichten in Prosa- und Lieder-Edda zeigen, dass diese Menschen über eine reiche Kultur verfügten und einen beeindruckenden Sinn für Kunst und Poesie hatten. Darüber hinaus waren sie äußerst neugierig und abenteuerlustig. Als grandiose Schiffsbauer konstruierten sie schlanke, schnelle Schiffe, mit denen sie nach Irland, Frankreich,

[1] Wahrscheinlich leitet sich das Wort Wikinger von *fara i viking* ab, was so viel bedeutet wie „auf Kaperfahrt gehen".

Spanien und Italien segelten, Grönland und Island und wahrscheinlich auch den amerikanischen Kontinent entdeckten. Handelsfahrten führten sie zum Kaspischen sowie zum Schwarzen Meer und auch nach Griechenland. In Konstantinopel bildeten sie ab Ende des 10. Jahrhunderts die Leibgarde des byzantinischen Kaisers, und selbst in Bagdad scheinen sie gewesen zu sein - vielleicht nur, um mal zu schauen, woher denn die sonderbaren Gewürze stammten, für die man im Westen so viel Gold bezahlte.

All diese Umstände - ihre Fahrten, Entdeckungen und Eroberungen wie auch ihr mythologisches Erbe - machen die Wikinger zu einem wunderbaren Thema, aus dem sich sowohl die inneren Reisen dieses Buches als auch nahezu unendlich viele Spielideen ergeben. Wenn zuerst eine Reise aus diesem Buch gemacht wird und danach die Wohnzimmercouch zum schnittigen Langschiff und der Teppich zur brausenden See wird, wenn der Kochlöffel zu Thors Hammer mutiert, Omas alte Perlenkette sich in Freyjas Brisingamen verwandelt und der Familiendackel zum Fenriswolf heranwächst, sind der Fantasie keine Grenzen gesetzt.

Unbekannte Länder können angesteuert werden, die Kinder sind „wochenlang" auf See, nur mit wenigen Keksen als Proviant, der alte Socken (auch bekannt als grausige Seeschlange) greift das Schiff an und wird mit dem zum Wikingerschild umfunktionierten Topfdeckel abgewehrt, der Stadtpark wird zu Vanaheim und beim ersten Schnee werden die Fußspuren der Eisriesen gesucht ... Die Welt der Wikinger bietet unglaublich viele Möglichkeiten des Spielens, Malens, Erzählens und des Sich-Verkleidens - alles, was Kinder lieben!

Und viele der Geschichten in diesem Buch inspirieren vielleicht auch zu eigener Forschungsarbeit mit den Kindern: *Wie hießen die beiden Ziegen des Donnergottes wirklich? Was hat es mit Freyjas Falkengewand auf sich? Wieso hatte Odins Pferd acht Beine? Wie schnell konnte so ein Wikingerschiff fahren? Hatten die Wikinger tatsächlich Hörnerhelme? Wo auf der Landkarte haben ihre Reisen sie hingeführt? Wo genau lag Birka?*[2]

So hat man auch bei schlechtem Wetter jede Menge Beschäftigung für die Kinder, kann mit ihnen gemeinsam lernen und daraus neue Abenteuergeschichten entwickeln, die einen über die Weltmeere und in ferne Länder führen.

VORBEREITUNG UND ABLAUF EINER GEMEINSAMEN FANTASIEREISE

Die meisten Kinder, die wir persönlich kennen, kann man nicht gerade als „Fans" von formaler Sitzmeditation in Stille bezeichnen. Auch wenn sie das vielleicht mal mitmachen, weil sie es bei den Erwachsenen beobachtet oder auch Aang bzw. Korra in der überaus empfehlenswerten Zeichentrickserie „Avatar" bei der Meditation gesehen haben, finden die meisten Kinder es nach ungefähr 30 Sekunden schlicht und einfach langweilig. Aus diesem Grund sind die Fantasiereisen dieses Buches kleine Abenteuergeschichten, bei denen die grundsätzlichen Qualitäten des Meditierens zwar vermittelt, diese aber weitaus unterhaltsamer und erlebnisorientierter transportiert werden, als das bei „normaler" Sitzmeditation geschieht. Das Kind ist die Hauptperson, um die herum sich eine Geschichte entwickelt, die durch Begegnungen mit Tieren oder Gottheiten Inhalte des alten Wissens unserer Kultur und einer meditativen, mitfühlenden Geisteshaltung transportiert.

Die meisten Reisen dauern zwischen zehn und fünfzehn Minuten - je nachdem, wie lange Sie die Pausen in den dafür vorgesehenen Abschnitten gestalten. Diese Pausen haben wir jeweils mit einem Pausenzeichen ⊕ markiert. Hier sollten Sie Ihrem Kind etwas Zeit geben, um die inneren Bilder genau betrachten oder ein Zwiegespräch mit einem Wesen führen zu können, das es auf der Reise getroffen hat. Meist reicht eine Pause von drei bis fünf Atemzügen. Vertrauen Sie hier ganz Ihrem Gefühl: Sie werden merken, wann es Zeit ist weiterzulesen.

Grundsätzlich empfehlen wir Ihnen, bei allen Stellen, wo es z. B. „Atme jetzt dreimal tief ein und lang wieder aus" oder ähnlich heißt, selbst gern ein wenig lauter als natürlich mitzuatmen. Dies leitet die Kinder sanft an (ganz besonders zu Beginn, wenn solche Reisen noch neu sind), es Ihnen gleichzutun, und ist sowohl für die Kinder als auch für Ihren ganz natürlichen Lesefluss äußerst unterstützend. So erhält die Meditation wie von selbst das passende Tempo.

Vorbereitend sollten Sie für eine möglichst störungsfreie Umgebung sowie gemütliche Atmosphäre sorgen und auch selbst als Vorlesende ein wenig Ruhe mitbringen. Computer und Telefon sollten ausgeschaltet sein, wenn möglich auch die Türklingel. Für fünfzehn Minuten können wir alle auf E-Mails, Anrufe und Besucher verzichten. Während dieser Zeit sind nur Ihr Kind und die Erfahrungen, die es macht, wichtig. Idealerweise bleibt auch im Nachgang noch ein wenig störungsfreie Zeit, um gemeinsam nachzuspüren und sich auszutauschen und vielleicht sogar kreativ die Geschichte weiterzuspinnen, nachzuspielen oder etwas dazu zu malen.

Setzen Sie sich zu Ihrem Kind an den Ort, den es sich für die Reise ausgesucht hat. Vielleicht ist das ein Sessel im Kinderzimmer oder das Bett, vielleicht ist es auch die Couch im Wohnzimmer oder der Fußboden, auf dem Sie einfach eine Decke ausbreiten.

Lassen Sie das Kind eine bequeme Position wählen, und beginnen Sie dann langsam und deutlich vorzulesen. Vielleicht können Sie Ihre Stimme, wenn das eine oder andere Wesen auf der Reise spricht, entsprechend variieren. Das muss aber nicht sein, denn die Kinder verstehen sofort, wer zu ihnen spricht, und in ihrer Fantasie klingt Ihre Stimme dann ohnehin ganz anders.

Die Reisen starten immer mit einem Zur-Ruhe-Kommen und einem Achten-auf-den-eigenen-Atem. Das sind die beiden wichtigen Elemente, die nach und nach zu einem Signal für den Körper und den Geist werden, dass nun eine innere Reise folgt. Der Atem fungiert hier dann nicht nur als eine Art Anker, sondern gleichzeitig auch als ein Zeichen des Körpergedächtnisses, dass sich die Seele nun ganz vertrauensvoll auf den Weg machen und Neues entdecken kann. Der Zugang zu diesen anderen Welten wird dadurch unterstützt und erleichtert.

Die Reisen können in beliebiger Reihenfolge gemacht werden, je nachdem, welche Überschrift das Kind gerade anziehend findet oder welches Thema im Leben des Kindes vielleicht derzeit eine Herausforderung darstellt und hilfreiche Impulse liefern könnte. Vor jeder Reise finden Sie zur besseren Übersicht und Auswahl auch noch einmal Hinweise, die zeigen, wozu die jeweilige Meditation besonders geeignet ist.

Unsere Meditationsbücher für Kinder wurden in der Vergangenheit oft hoffnungsvoll als „Einschlafgeschichten" gekauft und wir erhielten Zuschriften oder auch mal enttäuschte Rezensionen, wenn das Kind dabei nicht einschlief. Zumeist sind auch in jedem Buch nur ein bis zwei Geschichten enthalten, die gezielt zum Einschlafen oder tiefen Entspannen dienen sollten, während die anderen wichtige Themen transportieren und eher anregen können, etwas besprechen, integrieren oder ausagieren (nachspielen) zu wollen. An dieser Stelle sei daher noch einmal erwähnt, dass es für uns eher „Bewusstseinsgeschichten" sind.

Wir haben ganz bewusst auf lange Erläuterungen und neueste wissenschaftliche Forschungserkenntnisse zu den Themen Stress bei Kindern, die Wichtigkeit von „Qualitätszeit" für Familien, positive Wirkungen von Achtsamkeit, Bewusstseinsarbeit und Ähnliches verzichtet, um Ihnen stattdessen möglichst viele Geschichten an die Hand zu geben, die Sie vorlesen und gemeinsam erleben können. Buchempfehlungen zu den genannten und ergänzenden Themen finden Sie jedoch bei Interesse am Ende des Buches im Literaturverzeichnis.

Meditationen

Schnell wie der Wind

Auf dieser Reise erhält das Kind einen Einblick in das Leben der **WIKINGER** und erlebt deren vielgerühmte Gastfreundschaft. Es erlebt die **VERBUNDENHEIT ZUM MEER,** zur Seefahrt und auch eine **MENSCH-UND-TIER-VERBINDUNG,** die von großem Wert ist. Zudem kann es durch seinen Besuch bei den Wikingern auch helfen und seine Gaben werden sehr geschätzt.

Wenn man eine Reise machen möchte, braucht man immer etwas Vorbereitung. Das ist auch bei den Reisen in diesem Buch so. Aber keine Sorge - du musst weder einen Koffer packen noch Butterbrote schmieren ... Unsere Reisevorbereitungen sind ganz anders und ganz einfach. Mache es dir erstmal ganz bequem und gemütlich. Du kannst auf einem Stuhl sitzen oder im Schneidersitz auf der Erde. Du kannst dich irgendwo anlehnen, dich ankuscheln oder dich auch hinlegen, wenn du magst. Ganz so, wie du dich am wohlsten fühlst.

Und jetzt schließ bitte deine Augen und atme dreimal ganz tief durch.

Spürst du, wie die Luft durch deine Nase strömt, durch deine Brust bis in deinen Bauch hinein und dann wieder zurück? Merkst du, wie sich dein Bauch bei jedem Atemzug hebt und senkt?

Wenn du so auf deinen Atem achtest, wird dein Geist ganz ruhig - und das ist die beste Vorbereitung auf ein wirkliches Abenteuer ... Dein Geist wird ruhig und leer, und dann hast du ganz viel Platz für neue Bilder, neue Geschichten und neue Erlebnisse.

Nimm gern noch einen tiefen Atemzug …

Bist du bereit? Dann kann es ja losgehen!

Atme jetzt ganz normal weiter und lass dich mit den nächsten Atemzügen langsam in die Welt deiner Fantasie gleiten. Neue Welten warten auf dich, neue Freunde und Freundinnen, viele spannende Begegnungen!

Sieh dich selbst, wie du aufstehst und das Haus verlässt, in dem du wohnst, wie du heraustrittst aus der dir bekannten Welt und plötzlich in einer ganz anderen Landschaft stehst, als die, die du sonst vor eurer Haustür vorfindest.

Du bist weit gereist, nicht nur in ein anderes Land, sondern auch in eine andere Zeit … und stehst nun am Rand eines Wikingerdorfes. Flache Häuser und Hütten mit strohgedeckten Dächern, ein paar Schafe blöken und laufen umher, Fässer und Truhen stehen herum – und überall siehst du freundliche Menschen in Kleidung, die man heute gar nicht mehr so trägt: dicke Wollstoffe in Blau, Rot und Braun, hier und dort auch mal ein Kettenhemd aus lauter kleinen Metallringen, Kleider mit bestickten Rändern, Schmuck aus golden leuchtendem Bernstein, viel Leder und Fell …

Wild sieht das aus, aber auch sehr schön und mollig warm. Das ist auch gut, denn hier ist es ganz schön windig, und du hörst jetzt auch die Wellen des nahen Meeres und das Gekreische der Möwen, die durch die Luft segeln.

Eine freundlich lächelnde Frau, die ein dickes Päckchen in den Händen trägt, kommt nun auf dich zu und spricht dich an: „Hallo, wie schön, dass du uns besuchen kommst, __________*(Name des Kindes)*! Hier, das ist für dich, während du bei uns bist …“ Und mit diesen Worten entfaltet sie das Päckchen und legt dir einen dicken, schönen Umhang um die Schultern.

„Das ist schön warm“, sagt sie. „Schließlich soll unser Besuch nicht frieren. Komm mit, ich zeige dir unser Dorf und wenn du magst auch unsere Schiffe.“

Natürlich magst du alles sehen, da bist du schon sehr neugierig. Gemeinsam geht ihr los und die Frau, die sich dir jetzt als Jonna vorstellt, zeigt dir alles. Du siehst eine Schmiede und hörst das Hämmern auf dem Amboss, du siehst Frauen, die Stoffe weben, und Männer, die Fischernetze flicken. Du siehst Kinder, die mit einem Holzlöffel Brei aus einer kleinen Schüssel essen und lernst auch Fiete kennen, einen uralten Mann mit weißem Bart, der die Schafe hütet. Oder sagen wir eher: der es versucht, denn die Schafe laufen immer wieder vor ihm davon, was alle Dorfbewohner ziemlich komisch finden.

Dann geht ihr zum kleinen Hafen, und dort an einem hölzernen Steg festgebunden, liegt der ganze Stolz des Dorfes: Ein wunderschönes, schlankes Schiff, das vorne einen geschnitzten Drachenkopf trägt und an jeder Seite ganz viele runde bunte Schilder.

„Das ist die *Sturmrabe,* das schnellste Wikingerschiff, das es je gab", erklärt Jonne. „Und das da ..." - sie zeigt auf einen großen Mann mit langen blonden Bartzöpfen, der an Bord des Schiffes steht - „das ist mein Mann Yngvar!"

Sie winkt Yngvar, aber der steht nur dort und lässt den Kopf hängen.

„Hm", macht Jonne. „Irgendetwas stimmt nicht. Komm, lass uns mal näher gehen ..."

Ihr geht über den hölzernen Steg, an den die Wellen plätschern, und steht dann direkt vor dem Schiff. „Yngvar, das ist ________*(Name des Kindes)*! Heute zu Besuch von ganz weit her."

„Hey!", sagt Yngvar, was in der Sprache der Wikinger so viel wie „Hallo und herzlich willkommen ... schön, dass du da bist, ich freue mich sehr!" bedeutet. Nur eben viel kürzer.

„Was ist los mit dir?", fragt Jonne. „Du siehst irgendwie traurig aus!"

„Ach ...", meint Yngvar. „Du weißt doch, dass ich heute mit der *Sturmrabe* hinausfahren wollte und dass ich immer nur in See steche, wenn Krack an Bord ist und auf dem Mast sitzt. Aber seit Tagen lässt er sich einfach nicht blicken und ich mache mir langsam wirklich Sorgen ..."

„Krack ist ein Rabe und Yngvars Glücksbringer", erklärt dir Jonne. „Ohne ihn fährt er nie hinaus auf See. Wo mag der bloß stecken?"

Dann schaut sie dich lange an und macht „Hm“ und auch „Hmmmm“.

„Sag mal“, meint sie dann, „bist du nicht mit vielen Tieren befreundet und kannst mit ihnen sprechen? Das habe ich jedenfalls gehört. Vielleicht kannst du uns ja helfen und Krack herrufen ... Magst du es mal probieren?“

Wenn du helfen kannst, machst du das natürlich gern. Du konzentrierst dich und rufst in deinen Gedanken ganz laut: „KRACK!!! Komm bitte her Krack!“

Mach das mal ... Vielleicht musst du mehrmals rufen, aber es wird bestimmt klappen.

Yngvar, Jonne und du schaut euch um ... und da entdeckt ihr auch schon am Horizont einen kleinen schwarzen Punkt, der schnell größer wird.

„Das ist ja unglaublich“, ruft Yngvar, „du kannst ja zaubern!“ Jonne freut sich ebenfalls und ehe du dich versiehst, landet der schwarze Vogel auf deiner Schulter. „Krack ...“ macht er und schaut dich aus seinen schwarz glänzenden Augen aufmerksam an.

Yngvar ist noch ganz verdattert, dass das so schnell geklappt hat. „Sonst setzt er sich bei niemandem auf die Schulter. Du musst wirklich ein besonderes Kind sein, wenn er so schnell zutraulich wird. Weißt du was, __________*(Name des Kindes)*? Wie wäre es, wenn du zum Dank für deine Hilfe mit auf der *Sturmrabe* fahren und eine Runde drehen darfst?“

Wow, bei solch einer tollen Einladung sagst du nicht

Nein. Ein paar andere Wikinger und Wikingerfrauen kommen nun über den Steg gelaufen, begrüßen dich, freuen sich darüber, dass Krack wieder da ist und springen an Bord.

Yngvar reicht dir die Hand und auch du kletterst über die Reling.

Jetzt geht alles ganz schnell: Die Wikinger schnappen sich die Ruder, jemand löst das Tau, mit dem die *Sturmrabe* festgebunden ist, Jonne winkt ... und schon bewegt ihr euch aufs Meer hinaus. Krack bleibt auf deiner Schulter sitzen, und Yngvar wundert sich weiter.

Dann seid ihr weit genug auf der offenen See. Die Ruder werden eingezogen und das Segel wird ausgerollt. Sofort knallt der Wind hinein, es bläht sich auf und das Schiff schießt los wie ein Rennboot.

Das fühlt sich großartig an ... Du kannst den Wind im Gesicht fühlen, links und rechts von der *Sturmrabe* spritzten die Wellen in die Höhe und du schmeckst das Salz in der Luft und im Wasser. Krack hüpft aufgeregt auf deiner Schulter auf und ab. Ihm kann es auch gar nicht schnell genug gehen!

Schau mal, was du noch entdecken kannst ... Siehst du vielleicht Delfine, die das Schiff begleiten? Oder kannst du einen der riesigen Wale entdecken, die hier im Meer zuhause sind? Schau dich ruhig um, genieß die aufregende Fahrt und kraul vielleicht auch mal Kracks Köpfchen – das mag er sehr gern!

⊕

Ihr segelt immer weiter, bis ihr eine kleine felsige Insel entdeckt. Krack sieht sie als Erster und hüpft wieder aufgeregt auf deiner Schulter.

Yngvar holt das Segel ein, die Ruder werden wieder ins Wasser gelassen und ihr nähert euch ganz langsam der Insel. Sie sieht eher unwirtlich und karg aus, aber zumindest liegt ein Walross am kleinen Strand und schnaubt gemütlich vor sich hin. Das ist ein wirklich großes Tier mit zwei gewaltigen Zähnen, die aus seinem Mund hervorschauen. Wie viel so ein Brocken wohl wiegt? *(Das musst du nach deiner Reise gleich mal nachschauen ...)*

Ganz langsam legt ihr an und eine der Wikingerfrauen wirft ganz geschickt ein Seil um einen kleinen Felsen und macht das Boot fest. Dann klettert ihr an Land, was das Walross absolut nicht zu stören scheint. Es liegt einfach weiter da und grunzt vor sich hin. Krack ist aber ganz außer sich und krächzt immer lauter. Dann flattert er los und landet etwas weiter oben auf einem kleinen windschiefen Baum, der sich mit seinen Wurzeln zwischen zwei Felsen festklammert.

Ihr klettert ihm mutig hinterher ... und dann seht ihr: Ein kuscheliges kleines Nest, aus dem vier winzige Raben und eine Rabendame ihre Schnäbel recken und Krack lautstark begrüßen.

„Krack ist Papa geworden“, sagt Yngvar und schlägt sich die flache Hand vor die Stirn. „Na, da hätte ich auch eher drauf kommen können! Gut, dass du uns heute besucht hast, _________*(Name des Kindes)*! Hier findet er ja bestimmt nicht so viel zu fressen für die Kleinen, aber wir haben doch ein ganzes Fass voller Fisch dabei. Da hole ich gleich mal was ...“

Und schon flitzt er los, klettert geschickt zum Schiff herunter, öffnet ein Fass und kommt mit einer Handvoll Fisch zurück.

Das gefällt den Kleinen, der Rabenmama und auch Krack. Gierig schlingen sie die Mahlzeit herunter ... und wenn du willst, kannst du sie auch füttern. Yngvar gibt dir gern etwas Fisch, den du ihnen vor den Schnabel halten kannst ...

Es wird gekrächzt und geschmatzt, was das Zeug hält. Alle Wikinger und Wikingerfrauen schauen ganz berührt zu. Auch wenn sie wilde Seefahrerinnen und Abenteurer sind, haben sie doch ein großes Herz. Gerade für Tiere. Und natürlich ganz besonders für Tierbabys.

Krack schaut dich ganz dankbar an, und auch Yngvar legt seine Hand auf deine Schulter. Alle sind froh, dass du heute das Dorf besucht und Krack gerufen hast. Vielleicht kannst du ja tatsächlich zaubern. Wer weiß?!

Jetzt müsst ihr auf jeden Fall langsam zurück. Verabschiede dich noch in deinen Worten von

Krack und seiner Familie ... leg vielleicht noch ein paar Fische neben ihr Nest ... und dann klettere wieder von den Felsen herunter und aufs Schiff.

Ihr löst das Tau, rudert einige Meter hinaus und setzt dann wieder das Segel.

Wieder geht es schnell wie der Wind über das Meer. Die *Sturmrabe* ist wirklich ein tolles Schiff.

„Jetzt muss ich wohl ein paar Wochen ohne Krack auskommen, aber ich weiß wenigstens, wo er ist und dass es ihm gut geht. Wenn du magst, ________*(Name des Kindes)*, kannst du gern wiederkommen und mit uns zur Felseninsel segeln, um die kleinen Raben zu füttern.“

Keine schlechte Idee, vielleicht machst du das wirklich. Mit Krack und seiner Familie kannst du dich bestimmt noch mehr anfreunden, sie scheinen dich ja sehr zu mögen.

Die *Sturmrabe* flitzt weiter über die Wellen, und dann siehst du auch schon Land und das kleine Dorf in der Bucht. Nachdem ihr das Segel erneut eingeholt habt (Segeln ist wirklich schwere Arbeit, macht aber auch viel Spaß!), rudert ihr an den Steg und legt an. Jonne steht schon dort und begrüßt euch. Und Yngvar erzählt ihr alles, was ihr erlebt habt.

„Ach, wie schön“, sagt Jonne. „Da freue ich mich sehr für Krack. Jetzt hat er nicht nur meinem lieben Mann Glück gebracht, sondern auch noch sich selbst und seiner Rabenfrau.“

Sie zwinkert dir zu, und dann geht ihr zurück durchs Dorf. Die Menschen winken dir zu, du winkst zurück ... und nimmst jetzt auch Abschied von Jonne und Yngvar. Du kannst jetzt auch den dicken Umhang zurückgeben, denn den brauchst du nicht mehr. Aber Jonne verspricht dir, dass er dort in ihrer Hütte für dich bereitliegen wird. Wann immer du sie wieder besuchen magst, wird er dich wärmen. Und Jonne meint, dass er dich auch in deiner Welt wärmen wird, wann immer du nur an ihn denkst.

Wie schön das ist, so gute neue Freunde gefunden zu haben!

Nun drehst du dich langsam um, schlenderst weiter durch das Dorf, lässt die Hütten, die Schafe und die Menschen hinter dir ... und kommst ganz langsam wieder hier an, wo dir jemand, der dich sehr lieb hat, diese Reise vorgelesen hat.

Nimm nun zum Abschluss nochmal drei tiefe Atemzüge ...

Und dann bewege deine Hände, deine Zehen, recke und strecke dich - und öffne langsam deine Augen. Willkommen zurück von deinem Abenteuer bei den Wikingern, den Raben, den Delfinen und Walen, dem Walross und dem schnellen Schiff.

Fröhlich sei dein Tag, voller Abenteuer und Entdeckerfreude sei dein Leben!

Zwei zähneknirschende, zankende Ziegen

Auf dieser Reise erfährt das Kind, dass sich auch mal die streiten, die sich eigentlich sehr ähnlich sind, und dass **STREITIGKEITEN** oft ganz und gar unnütz sind. Ebenso merkt es, dass es die Kraft hat, etwas zu bewirken, und dass **KLEINE ÄNDERUNGEN OFT GROSSE WIRKUNG** auf die Welt haben.

Mache es dir nun ganz bequem, setz oder leg dich so hin, dass du dich richtig wohlfühlst. Und dann schließ sanft deine Augen und beobachte ein paar Momente deinen Atem, spür mal, wie deine Brust und dein Bauch sich bei jedem Atemzug heben ... und wieder senken. Das funktioniert ganz von allein und du brauchst gar nichts dafür tun.

Wenn du dich ein bisschen auf dieses Ein und Aus konzentrierst, wird all das, woran du vorhin noch denken musstest, unwichtig und du kannst dich ganz auf eine neue Abenteuerreise einlassen.

Lass dich mit den nächsten Atemzügen jetzt langsam in die Welt deiner Fantasie gleiten. Spüre die Vorfreude in dir, andere Welten zu entdecken und spannenden Wesen zu begegnen. Sieh dich selbst, wie du aufstehst und das Haus verlässt, in dem du wohnst, wie du heraustrittst aus der dir bekannten Welt und plötzlich in einer ganz anderen Landschaft stehst, als die, die du sonst vor eurer Haustür vorfindest.

Du siehst grüne Hügel mit kräftigem Gras, hier und dort große graue Felsen, einen kleinen Bach und verschiedene Bäume: weiße Birken, dunkelgrüne Tannen und auch ein paar knorrige Eichen, die alle ihre Äste in einen blauen Himmel strecken.

Ein wunderschöner, sonniger Tag mit leichtem Wind, der über die Hügel weht.

Atme mal ganz tief die gute Luft hier ein ...

Ah, das tut gut, oder?!

Und jetzt kannst du dich auf den Weg machen, diese Welt zu erkunden. Spaziere einfach durch die Gegend und schau dich um. Vielleicht siehst du ein paar Tiere, denn in einer so schönen Landschaft gibt es bestimmt Hasen, Rehe und Füchse ... vielleicht auch große Elche oder die schwarzweiß gestreiften Dachse. Und plantschen da im Bach nicht ein paar Enten?! Lass deinen Blick ein bisschen schweifen, genieß deine Zeit hier.

Alle scheinen sich über das schöne Wetter zu freuen, und dir tut so ein schöner Tag auch gut. Aber gerade als du dein Gesicht in die warme Sonne hältst, hörst du es plötzlich in der Ferne grummeln und brummeln. Ein paar kleine Kaninchen, die gerade am Fuß einer Eiche spielen, rufen: „Oh nein! Das sind Zenk und Zergel, die sich wieder streiten ... Bloß schnell weg hier!“ Und schwupps ... sind sie in ihrem Bau unter der Erde verschwunden.

Auch die anderen Tiere ziehen sich zurück - und du hörst hier und dort Gemurmel von ihnen: „Immer dasselbe ... kaum ist man trocken, sorgen die beiden wieder für Regen ... Zenk und Zergel, diese beiden Streitböcke ... herrje, jetzt gibt es schon wieder ein Gewitter ... wann hört das bloß auf?!“

Langsam trotten die Tiere davon, suchen sich einen Unterschlupf, huschen in ihre Bauten und Nester.

Offenbar sorgen Zenk und Zergel - wer immer diese beiden auch sein mögen - für Gewitter. Und das mag ja irgendwie niemand. Aber wie machen sie das nur? Und warum?

Das Grummeln und Brummeln in der Ferne wird nun immer lauter und scheint von einem bestimmten Hügel zu kommen, dessen Spitze von Wolken umgeben ist. Als mutiges und abenteuerlustiges Kind machst du dich kurzentschlossen auf den Weg zu diesem Hügel. Wollen wir doch mal sehen, wer diese Gewittermacher sind ...

Deine Füße tragen dich schnell zu dem Hügel, und je näher du kommst, desto lauter werden die Donnergeräusche und du siehst auch, dass die Wolken immer dunkler werden. Schnurstracks gehst du den Hügel hinauf ... und da siehst du sie auch schon: Zwei Ziegenböcke, die sich

gegenseitig angiften, aus Wut und Ärger mit den Zähnen knirschen und immer wieder nach einander treten. Um ihre Hälse tragen sie ganz seltsame Lederbänder mit kleinen Anhängern, die bei jeder Bewegung hin- und herschwingen.

„Du bist so doof", ruft die eine Ziege. „Aber du bist noch viel doofer", schreit die andere zurück. Und wieder blitzt und donnert es laut. Da holt die erste Ziege mit ihrem Hinterbein aus, um so richtig zuzutreten ... und sieht im letzten Moment dich. Ganz verdutzt hält sie mitten in der Bewegung inne und starrt dich an. „Du kannst das Bein jetzt wieder runternehmen, Doofi", sagt die andere Ziege und lacht.

Sofort hört das laute Donnern auf. Alles wird ganz still und dir wird klar, dass die anderen Tiere wohl recht hatten und diese zwei Ziegen wirklich mit ihren Streitereien für Gewitter sorgen.

„Bist du nicht ________ *(Name des Kindes)*?“, fragt dich nun die erste Ziege. Du nickst und bist ganz überrascht, dass die Ziegen dich kennen. Als ob sie deine Gedanken lesen könnte, sagt die zweite Ziege nun: „Wir haben schon viel von dir gehört. Deine Reisen und Abenteuer werden doch von allen Tieren in allen Welten erzählt. Ich bin übrigens Zenk und das ist Zergel. Eigentlich heißen wir ganz anders, aber die meisten Leute können unsere richtigen Namen nicht aussprechen[3]. Aber Zenk und Zergel sind auch okay ...“

Unsicher schaut Zenk sich um und meint dann kleinlaut: „Und jetzt hast du uns erwischt ... Dabei hat der Donnergott uns immer wieder gesagt, dass wir nicht streiten sollen. Beim grummdummeligen Grummelbumm ... das ist aber echt blöd!“

Zergel tritt von einem Bein aufs andere. Dann fragt er ganz leise: „Verrätst du uns?“

Beide Ziegenböcke schauen dich ganz betreten mit großen Augen an, sodass du einfach lächeln musst. Du schüttelst den Kopf: Nein, du wirst sie nicht verpetzen. Jeder streitet ja mal. Aber warum sie sich streiten, das würdest du schon gern wissen ...

Wieder scheinen sie deine Gedanken zu lesen und Zenk antwortet: „Na ja, das ist ganz einfach. Zergel ist einfach so doof, so absolut superdoof ... Das muss man ihm doch einfach mal sagen!“

---

[3] Die wirklichen Namen dieser beiden mythologischen Ziegen lauten Tanngrisnir und Thanngnjostr – beide Namen bedeuten „Zähneknirscher“. Sie sind die Ziegenböcke, die Thors Wagen über den Himmel ziehen und die mit ihren Kiefern die Geräusche zu den Blitzen machen, die Thor mit seinem Hammer erzeugt.

„Aber du bist noch viel doofer. Supermegadämlichdoof!“, ruft Zergel sofort und schon werden die Wolken wieder dunkler und das Grummeln ertönt.

Puh, das wird schwierig! Streiten ist für die beiden ja wirklich das liebste Hobby!

Aber du musst auch an die anderen Tiere denken, die unten im Tal in ihren Höhlen und Nestern sitzen und sich vor dem drohenden Gewitter verstecken. Und das erzählst du den beiden Streitziegen jetzt mal ... Du beschreibst ihnen die kleinen Kaninchen, die jetzt nicht mehr draußen Fangen spielen können, und du berichtest ihnen auch von den Eichhörnchen und Füchsen und Rehen und Dachsen, die jetzt alle irgendwo drinnen hocken anstatt die Sonne zu genießen.

„Ups“, sagt Zenk.

„Upsi“, meint Zergel.

„Das wussten wir ja gar nicht ...“, sagen dann beide gleichzeitig.

Und schon kannst du ihnen wieder etwas Hilfreiches sagen, denn wer gleichzeitig dasselbe sagt, kann ja so verschieden nicht sein.

„Hm ...“, macht Zenk, und auch Zergel wird immer nachdenklicher. „Meinst du, deswegen hat der Donnergott uns beiden die gleichen Anhänger geschenkt? Weil wir uns so ähnlich sind?“, fragt Zenk dann.

Du schaust dir diese Anhänger jetzt mal genauer an und sie sind wirklich toll. Sie sehen fast aus wie dein Zeigefinger, sind aber aus Stein.

„Der Donnergott hat gesagt, das sind uralte Überreste von längst ausgestorbenen Tieren, die man in der Erde findet.[4] Manche Menschen nennen sie Donnerkeile, weil sie glauben, dass die Dinger in der Erde landen, wenn ein Blitz einschlägt. Ist aber Quatsch ...“ Zenk kichert und Zergel kichert mit.

Da haben sie wohl wieder etwas gemeinsam, was sie jetzt auch selbst merken.

„Gut, dass du hier bist ________ *(Name des Kindes)*! Da merken wir mal, was für Doofis wir beide sind, wenn wir so streiten ...“, sagt Zergel nun. Beide grinsen dich an, und langsam lösen sich die Wolken auf, die den Hügel umgeben haben. Die Sonne wird jetzt auch hier wieder spürbar und beide Ziegen seufzen wohlig. „Ach, so ein bisschen Sonne ist ja auch schön.“

Da musst du ihnen wohl auch noch erklären, dass sie mit ihrer Streiterei die Wolken machen und daher die Sonne verdecken.

„Echt?“, fragt Zenk. „Ist ja ’n Ding!“, sagt Zergel.

Staunend schauen sie sich um, machen „ui“ und „oh“ und sind ganz verblüfft über all das, was du ihnen erzählt hast.

„Dann werden wir ab jetzt keine Wolken mehr machen. Versprochen!“, sagt Zenk. „Oder nur noch ganz selten“, ergänzt Zergel. Beide stupsen sich an und lachen. Dann stupsen sie auch dich an. „Danke! Echt. Ganz ehrlich!“, murmeln sie.

---

[4] Diese „Donnerkeile“ sind Überreste von sogenannten Belemniten, die ähnlich wie die heutigen Tintenfische aussahen und vor über 60 Millionen Jahren ausgestorben sind.

„Aber jetzt zeigen wir dir etwas Tolles!“, rufen sie dann beide und springen wie wild umher. „Au ja, au ja!“, ruft Zenk. „Komm steig mal auf meinen Rücken ...“

Mutig wie du bist, machst du das natürlich und schon braust Zenk los, gefolgt von Zergel. Du kannst dich gut an Zenks Hörnern festhalten und sein Rücken ist auch ziemlich bequem. Beide Ziegen trampeln so schnell sie können über den Hügel und es macht einen Riesenspaß ... und dann wird es noch besser, denn plötzlich heben die Böcke mit dir ab und laufen tatsächlich durch die Luft.

„Na klar, wir sind doch Zauberziegen“, ruft Zergel, der deinen erstaunten Blick sieht.

Sie traben durch die Luft, rundherum um den Hügel, mal hierhin und mal dorthin ... und du kannst die Landschaft, durch die du eben gelaufen bist, jetzt mal ganz in Ruhe von oben sehen.

Da jetzt wieder überall die Sonne scheint und die Wolken sich verzogen haben, sind auch die anderen Tiere wieder hervorgekommen und du kannst von hier oben jetzt die kleinen Kaninchen sehen und auch die Füchse, Rehe und Dachse, die sich auf den grünen Wiesen tummeln.

Dann setzt Zenk zur Landung an, und auch Zergel setzt seine Hufe wieder auf festen Boden. Hui, das war aufregend! Mit ganz roten Wangen rutschst du von Zenks Rücken ... und einige andere Tiere gesellen sich zu euch.

„Hast du den Streitböcken Manieren beigebracht?", fragt ein alter Dachs. „Gut gemacht, ________*(Name des Kindes)*! Jetzt können wir wieder in der Sonne liegen und die Kleinen können spielen."

Dann wendet er sich an Zenk und Zergel: „Wurde auch Zeit, dass euch mal jemand erklärt, dass ihr gar nicht streiten müsst und dass es so allen besser geht!"

Betreten schauen beide Ziegenböcke zu Boden. „War gar nicht so schwer ...", sagt Zergel dann. „Haben sogar wir Doofies begriffen", meint Zenk und muss schon ein bisschen schmunzeln. Dann müssen beide Ziegen wieder lachen, und auch der alte Dachs stimmt mit ein.

Fröhlich klopft er dir auf deine Schulter. „Danke, ________*(Name des Kindes)*, das war wirklich eine gute Tat!"

Dann dreht er sich um und schlendert zurück zu einer großen Birke, an deren Wurzeln er es sich in der Sonne gemütlich macht.

Zenk und Zergel stupsen dich nochmal an, beugen sich zu dir und flüstern dir noch etwas zum Abschied ins Ohr. Hör genau hin ... und vielleicht magst du ihnen ja auch noch etwas sagen.

Und dann laufen sie los, werden immer schneller, heben ab und rennen quer über den blauen Himmel, bis sie irgendwann nur noch ganz kleine Punkte sind und dann ganz verschwinden.

Du gehst zurück in die Richtung, aus der du am Beginn deiner Reise gekommen bist, schaust nochmal die schöne Landschaft an, siehst hier und dort die Tiere spielen ... und kommst dann ganz langsam wieder zurück zu dir nach Hause, in das Zimmer, in dem du dich gerade befindest, und zurück zu den Menschen, die dich lieb haben und dir diese Reise vorgelesen haben.

Bewege jetzt ganz langsam deine Füße und Hände, recke und strecke dich. Und dann atme dreimal tief durch … und öffne langsam wieder deine Augen. Willkommen zurück von deinem Abenteuer, Streitschlichter*in.

Fröhlich sei dein Tag! Und fröhlich und ohne unnützen Streit sei dein Leben!

Der ganz besondere Hund der Wikinger

Diese Reise lässt das Kind eine ganz besondere **FREUNDSCHAFT** erleben, die **HILFSBEREITSCHAFT, MUT UND VERTRAUEN** in sich selbst fördert.

Magst du heute einen Ausflug in den Wald machen und einen neuen Freund kennenlernen? Dann mach es dir jetzt richtig bequem, schließ deine Augen und atme dreimal tief ein und wieder aus. Du weißt ja, dass das die beste Reisevorbereitung ist ...

Schau mal, ob du spüren kannst, wie der Atem durch deinen Körper fließt. Erst durch die Nase und den Hals, dann durch deine Brust, zuletzt in deinen Bauch hinein und dann wieder zurück.

So wird dein Geist frei für eine neues Abenteuer und neue Bilder ...

Lass dich nun einfach mit den nächsten Atemzügen langsam in die magische Welt deiner Fantasie gleiten. Sieh dich selbst, wie du einen großen grünen Wald betrittst. Ein kleiner Pfad schlängelt sich zwischen den Bäumen entlang, hier und dort liegen graue Steinbrocken herum und überall bewegen sich Farnbüschel im leisen Wind. Kleine Vögel hüpfen von Ast zu Ast und piepsen vor sich hin, und da hinten kannst du auch ein paar Rehe sehen, die ganz gemütlich an ein paar frischen Knospen knabbern.

Langsam folgst du dem Pfad immer tiefer in den Wald hinein, der dich mit seinem schönen Grün und seinen vielen Tieren willkommen heißt. Plötzlich spürst du einen starken Lufthauch und siehst eine weiß-braune Eule, die mit ausgebreiteten Schwingen auf dich zuschwebt und dann lautlos auf einem Ast genau in deiner Kopfhöhe landet. Unglaublich, dass sich so ein großes Tier völlig ohne Geräusche bewegen kann.

Mit ihren kreisrunden Augen schaut sie dich kurz an, dann öffnet sie den Schnabel und fragt: „Sag mal, bist du zufällig ________ *(Name des Kindes)*?“

Freudig nickst du. Wie schön, dass die Eule deinen Namen kennt!

„Oh, da bin ich aber froh“, sagt die Eule. „Ich weiß, du magst Tiere sehr, und ich möchte dich um deine

Hilfe bitten. Hier im Wald lebt Rorik, ein kleiner Wolfswelpe, der kein Rudel mehr hat, und wir alle kümmern uns um ihn. Ich bringe ihm etwas zu essen, der Dachs versucht ihn zu erziehen, die Eichhörnchen spielen manchmal mit ihm ... Na ja, aber jetzt ist er in eine Grube gefallen und wir bekommen ihn da nicht mehr heraus. Kannst du mal schauen, ob du das schaffst?"

Oje, ein Wolfswelpe in einer Grube. Der hat doch bestimmt Angst. Natürlich willst du da helfen.

Die Eule fliegt voraus und du läufst so schnell du kannst hinter ihr her. Du springst über Wurzeln und Steine, flitzt zwischen Bäumen hindurch ... und stehst dann vor einer Grube, aus der ein leises Wimmern nach oben dringt.

Du schaust hinein und siehst dort einen kleinen grauen Wolf sitzen, der nach oben blickt und immer wieder ruft. Aber du siehst auch die Wurzeln eines Baumes, die in die Grube wachsen, und sofort kletterst du an ihnen herunter.

Der kleine Wolf hört auf zu wimmern und schaut dich aufmerksam an.

„Kannst du mir helfen?", fragt er mit einer verweinten Stimme.

Du nickst und streichelst ihm das kleine Köpfchen. Dann hebst du ihn ganz vorsichtig hoch und klemmst ihn dir unter einen Arm. Mit deiner freien Hand ergreifst du wieder die Wurzeln des Baumes und ziehst dich langsam herauf. Noch ein paar Klettergriffe und -tritte, dann stehst du wieder oben am Rand der Grube und setzt den kleinen Wolf ins Gras. Der kuschelt sich sofort an dein Bein und reibt seinen Kopf an dir. So ein niedlicher kleiner Kerl!

Die Eule atmet hörbar auf. „Hach, jetzt bin ich erleichtert. Mit meinen Krallen hätte ich den Kleinen nicht greifen können, ohne ihm weh zu tun. Zum Glück warst du heute im Wald unterwegs, _________ *(Name des Kindes)*!"

Sie seufzt noch einmal, dann legt sie nachdenklich eine Flügelspitze an ihr Kinn. „Hmmmmm ...", macht sie und beobachtet den kleinen Wolf, der an deinen Beinen hochspringt. Du gehst in die Hocke und streichelst ihn, und er leckt dir immer wieder über die Hände.

„Hmmmmm ...", macht die Eule wieder und sagt dann: „Rorik scheint dich ja wirklich zu mögen. Sieht aus, als möchte er, dass auch Menschen Teil seines neuen Rudels werden. Der Dachs, die Füchse und ich können ja einiges tun, aber wärest du heute nicht gewesen, wäre das vielleicht übel ausgegangen. Wölfe haben ja schon immer die Nähe zu Menschen gesucht, und manche sind dann zu euren Hunden geworden. Vielleicht wären Menschen für Rorik auch ein besseres Rudel, als wir es sein können. Meinst du, du könntest ihn mitnehmen und in das Wikingerdorf am Rande des Waldes begleiten? Ich könnte mir vorstellen, dass er sich dort sehr wohlfühlt ..."

Du schaust Rorik lange in seine bernsteinfarbenen Augen ... Ob er wirklich bei Menschen leben mag?

Wie zur Antwort schleckt er dir wieder über deine Hände, springt dann hoch und leckt kurz über deine Nase ... Hu, das kitzelt!

Und irgendwie kommt es dir so vor, als würde Rorik so „Ja!" sagen. Also nickst du der Eule zu und sie erhebt sich wieder in die Lüfte, um dir den Weg ins Dorf zu zeigen.

Diesmal gehst du langsam hinter ihr her, damit der kleine Rorik mit dir Schritt halten kann. Und das ist für ihn gar nicht so leicht, denn er hat ganz schön viel damit zu tun, um dich herumzuhüpfen, an dir hochzuspringen, an Waldblumen zu schnuppern und Schmetterlingen hinterherzurennen ...

Aber irgendwann kommt ihr doch am Waldrand und am Wikingerdorf an, wo die Eule schon auf dem Ast einer großen Eiche auf euch wartet.

„Da ist es", sagt sie. „Wie sieht es aus, Rorik? Kannst du dir vorstellen, dass das dein neues Zuhause wird? Du kannst mich und deine anderen Waldfreunde ja immer besuchen kommen ..."

Ihr hört Geräusche aus dem Dorf, Gelächter und spielende Kinder, und Rorik hüpft auf der Stelle ungeduldig auf und ab. Für ihn ist alles nach seiner Rettung aus der Grube ein großes Abenteuer.

Die Eule verabschiedet sich nun von dir – und da Eulen

sehr, sehr weise und kluge Vögel sind, flüstert sie dir auch noch etwas ins Ohr, das nur für dich bestimmt ist. Hör gut zu, bestimmt ist es ein guter Rat …

Dann zwinkert sie Rorik zu und fliegt wieder völlig lautlos in den Wald zurück. Du und Rorik atmet einmal tief durch … und geht dann gemeinsam ins Dorf hinein. Als Erstes begegnet ihr den Kindern, die ihr schon gehört habt und die dort gerade mit einem Ball spielen. Sie werfen und rollen ihn hin und her, wobei sie alle viel Spaß zu haben scheinen. Rorik ist sofort ganz begeistert von dem Ball und rennt zwischen die Kinder, um mitzuspielen. Die Kinder sind natürlich ebenfalls begeistert … Was gibt es Schöneres als einen kleinen Welpen, der mit einem Ball spielt?!

Dich laden sie auch gleich ein, werfen dir den Ball zu (Achtung, da kommt auch schon Rorik angeflitzt!) und gemeinsam spielt ihr eine Weile. Werf einfach den Ball, schau, was Rorik macht, und lass dich ganz auf das Spiel mit den Wikingerkindern ein …

Nach einiger Zeit mit dem Ball und dem blitzschnellen Rorik seid ihr alle ein bisschen müde … und da kommt auch schon eine ältere Frau aus einem der Holzhäuser, um euch allen ein kleines Fass Wasser und ein paar Trinkhörner zu bringen. Jeder von euch schnappt sich ein Horn, taucht es ins Wasserfass und nimmt dann einen großen Schluck. Ah, das tut gut! Wie lecker das Wasser hier ist!

Dann spricht dich die ältere Frau an: „Wie schön, ________(*Name des Kindes*), dass du uns heute besuchen kommst. Und einen kleinen Freund hast du auch mitgebracht ...“

Du erzählst ihr von deinem Spaziergang durch den Wald, von deiner Begegnung mit der Eule und der Grube, in der Rorik festsaß. Und du erzählst ihr auch davon, dass die Eule dachte, Rorik sei bei Menschen vielleicht gut aufgehoben.

„Oh“, sagt die Frau. „Das stimmt wohl. Manche Wölfe finden Menschen richtig spannend ... Und wir Wikinger lieben Wölfe auch sehr! Schließlich hat Odin, der oberste unserer Götter, auch zwei Wölfe, die ihn begleiten ... Geri und Freki heißen die beiden, der Gierige und der Gefräßige.“ Sie lacht. „Aber so könnte man wohl auch alle Wölfe und alle Hunde nennen!“

Das stimmt. Rorik sieht auch aus, als habe er großen Hunger. Und da zieht die alte Frau auch schon einen Wurstzipfel aus ihrer Tasche und hält ihn Rorik vor die Nase. Schnapp ... so schnell kann man gar nicht gucken, da ist die Wurst auch schon in seinem Maul verschwunden. So niedlich sieht der kleine Wolf aus, wenn er kaut und schmatzt! Alle Kinder müssen grinsen, und jeder mag Rorik jetzt etwas geben. Schnell laufen alle los in ihre Hütten und Häuser und kommen mit Wurstzipfeln, einem kleinen Fisch und allerlei anderen Wolfs-Leckereien zurück. Rorik ist ganz begeistert und weiß gar nicht, was er zuerst fressen soll. Hier wird er es bestimmt gut haben ...

Dann winkt die alte Frau einen großen Mann mit roten Zöpfen und einem langen roten Bart herbei. „Lasse, könntest du eine Hütte für den kleinen Rorik bauen. Ich habe das Gefühl, er wird nicht bei einem einzigen Menschen wohnen, sondern das ganze Dorf als sein Rudel betrachten. Und da wäre es doch gut, wenn er ein eigenes Zuhause hätte. Außerdem kann er so kommen und gehen, wie er mag, und auch jederzeit seine Freunde im Wald besuchen ..."

Lasse nickt freudig, denn er baut gern Dinge, und holt sofort Holz, eine Säge, Nägel und einen Hammer.

Und eh man sich versieht, hat er eine wunderschöne Hütte gebaut, die ihr nun gemeinsam in der Mitte des Dorfplatzes aufstellt.

Du kniest dich neben die Hütte, streckst deine Hand hinein und klopfst auf die Erde, um Rorik zu zeigen, dass es dort drinnen ganz gemütlich ist. Sofort kommt er angeschossen, schnuppert an dir, schnuppert an der Hütte ... und krabbelt hinein. Dort rollt er sich zusammen und schläft mit seinem vollen Wurstzipfel-Fisch-Magen sofort ein.

„Lassen wir ihn einfach schlafen", schlägt die alte Frau vor. „Ich habe aber noch etwas für dich!" Sie setzt sich zu dir auf die Erde und kramt aus ihrer Tasche ein kleines Amulett an einer Lederschnur hervor, das aus ganz schönem, poliertem Holz geschnitzt ist und den Kopf eines Wolfes zeigt. „Das hat auch Lasse gemacht", sagt sie. „Schon vor ein paar

Tagen. Irgendwie hatten wir im Gefühl, dass du zu uns kommen wirst. Wir wussten nicht, was es mit dem Wolf auf sich hat, aber wir waren ganz sicher, dass das genau das Richtige für dich wäre ...“

Sie nimmt das Amulett und hängt es dir um den Hals. Wow, das sieht wirklich toll aus.

Und plötzlich steht auch wieder Rorik neben euch, kommt ganz nah zu dir, legt eine Vorderpfote auf das Amulett und schaut dir in die Augen.

Das Amulett beginnt zu leuchten und zu strahlen. Ganz warm wird es auf deiner Brust ... und dann leuchtet es noch stärker und schmilzt in dich hinein, wird ein Teil von dir, wärmt dein Herz und deine Seele. Kannst du die Kraft fühlen, die in dir ist?

Rorik nimmt seine Pfote wieder herunter und sitzt ganz aufmerksam vor dir.

Die alte Frau staunt und macht ganz große Augen.

„So etwas“, sagt sie, „geschieht nur ganz, ganz selten! Wenn echte Freundschaft im Spiel ist und eine echte Verbindung von Tier und Mensch. Der Geist des Wolfes ist mit dir, _________*(Name des Kindes)*, und das wird er immer sein! Diese Freundschaft wird dir Kraft geben und ein ohnehin schon mutiges Herz noch mutiger machen ... Ein echtes Wolfsherz!“

Sie legt dir ihre Hände auf die Schultern, bevor sie weiterspricht: „Wir würden uns geehrt fühlen, wenn du uns wieder besuchen kämest. Du kannst mit Rorik spielen, Lasse kann dir zeigen, wie man tolle Dinge baut ... und ich kann dir vieles über die Welt, über die Menschen, die Götter und die Tiere erzählen. Und sicher würde sich auch die Eule freuen, wenn du sie gemeinsam mit Rorik besuchst ...“

Du streichelst Rorik wieder über sein Köpfchen und er gähnt ausgiebig. Dann schleckt er dir noch einmal über die Hand, rollt sich wieder in seiner neuen Hütte zusammen und schläft selig ein.

„Das ist wohl seine Art *Auf Wiedersehen* zu sagen“, schmunzelt die alte Frau.

Sie steht auf, klopft sich den Staub von ihrem Kleid und drückt dich, nachdem du auch aufgestanden bist.

„Also, Wolfsherz ...“, sagt sie. „Nun reise zurück zu deiner Familie, aber vergiss nie, dass du hier gute Freunde hast, die sich auf dich freuen!“

Du drückst sie auch, dann schaust du noch einmal nach dem mittlerweile leise schnarchenden Rorik, streichelst ihm über sein weiches graues Fell ... und machst dich dann auf den Weg zurück zum Waldrand, hinein in das große Grün, vorbei an den vielen Bäumen, Wurzeln und Steinen, bis du wieder auf der anderen Seite des Waldes herauskommst ... und dann langsam mit jedem Schritt und jedem Atemzug wieder hier in deiner Welt ankommst.

Recke und strecke dich, wenn du magst ... und dann öffne langsam wieder deine Augen. Willkommen zurück, Wolfsherz!

Fröhlich sei dein Tag, voller Kraft sei dein Leben!

Yggdrasil – von der Wurzel bis zur Krone

Auf dieser Reise begegnet das Kind dem Eichhörnchen Ratatösk, lernt ebenfalls den Weltenraum Yggdrasil kennen und schaut in seiner Zeit und **AUF SEINE WEISE** in einige **ANDERE WELTEN** hinein.

Setz dich ganz bequem hin und mach es dir richtig gemütlich. Du kannst auf der Couch sitzen oder im Schneidersitz auf der Erde. Du kannst dich irgendwo anlehnen, dich ankuscheln, dich mit einer warmen Decke zudecken oder dich auch hinlegen, wenn du magst. Ganz so, wie du dich am wohlsten fühlst.

Schließ nun deine Augen und atme dreimal ganz tief durch, um dich für deine Reise vorzubereiten und ein wenig zur Ruhe zu kommen.

Der Atem strömt durch deine Nase, durch deine Brust, bis in deinen Bauch und dann wieder auf dem gleichen Weg zurück. Spüre, wie deine Brust und dein Bauch sich bei jedem Atemzug heben und senken.

Beobachte das mal ein paar Augenblicke. Einfach nur ein- und ausatmen. Mehr nicht.

Und mit dem nächsten Atemzug lässt du dich in die Welt deiner Fantasie gleiten. Bilder tauchen vor deinen geschlossenen Augen auf und du siehst dich selbst, wie du in einem wunderschönen Wald herumwanderst.

Ein einziger riesiger Wald voller mächtiger Eichen und Buchen, deren hohes Alter du am dicken Stamm erkennen kannst. Deine Arme würden nicht ausreichen, um diese Bäume einmal zu umarmen, wenn du das wolltest. So dick und stämmig sind sie. Du siehst auch überall dazwischen große Farne wachsen und einige winzig kleine, die sich eben erst entrollen. Ein tiefer Wald voller Leben, in dem es überall raschelt und knackt, in dem Vögel singen, Füchse bellen und Wildkatzen fauchen und in dem überall leuchtend grünes, weiches Moos einen Teppich ausbreitet. Winzige Pilze wachsen hier und dort in Gruppen, wovon manche ein wenig nach kleinen Trompeten aussehen.

Du gehst nun tiefer in den Wald hinein und staunst bei jedem Schritt über die Vielfalt, die du siehst und sogar riechen kannst: so viele unterschiedliche Sorten Grün, lila Waldveilchen und auch viele kleine weiße Blumen, Brombeerranken, ah ... und jetzt auch ein Geruch ... ob das wohl ein Fuchs oder ein Reh ist? Du setzt einen Fuß vor den anderen, schaust dich um und lauschst all dem Gesumme von wilden Bienen, dem Gebrumme von glänzenden Käfern, die langsam durch die Luft düsen, und dem Gezwitscher unzähliger Waldvögel.

Und dann siehst du plötzlich inmitten des so lebendigen Waldes den größten Baum, den du jemals gesehen hast! Ein Stamm so dick und rund, dass er unendlich viel älter sein muss, als all die anderen uralten Bäume hier. Wie lange du wohl bräuchtest, um einmal um ihn herumzugehen? Urig und knorrig winden sich seine riesigen Äste zur Seite und auch hoch hinauf in den Himmel. Manche sehen fast wie große Schaukeln oder Sitzplätze aus, und der ganze Baum lädt auf seine Art zum Klettern ein. Allerdings, wenn du so in den Himmel schaust, kannst du erkennen, dass er so weit hinaufragt, dass du kaum ein Ende sehen kannst! Dieser Baum wirkt wie der Großvater oder die Großmutter aller Bäume überhaupt[5] ...

Staunend stehst du am Fuße des riesigen Baumes und da hörst du plötzlich eine freche und doch freundliche Stimme, die irgendwo von oben zu kommen scheint: „Huhu! Schön, dass du da bist, liebe/r ________ *(Name des Kindes)*!"

Du versuchst, herauszufinden, woher die Stimme kommt, suchst die Äste der Bäume ab ... und dann entdeckst du ein kleines leuchtend rotes Eichhörnchen mit einem riesigen buschigen Schwanz auf einem Ast sitzen, das sich mit den Vorderpfoten ein wenig die Ohren putzt. So niedlich sieht es aus! Und zack ... hüpft es herunter und steht direkt vor dir. Es ist recht klein, wie Eichhörnchen nun mal so sind, aber so flink wie niemand sonst! Gerade umrundet es dich ganz aufgeregt. Unglaublich, wie schnell es umherflitzen kann!

[5] Dieser Baum ist die mythologische Weltenesche Yggdrasil – der Baum, der durch alle neun Welten der nordischen Kosmologie reicht und sie miteinander verbindet.

Dann bleibt es endlich stehen und seine kleinen schwarzen Knopfaugen schauen dich an. „Ich freue mich so, dass du da bist! Ich bin Ratatösk[6] und mag dir gern etwas zeigen! Hast du Lust mit mir zu klettern?“, sagt es nun.

Du nickst zaghaft, denn es scheint, dass es den riesigen Baum meint. Und tatsächlich ... da hüpft das kleine Kerlchen auch schon hoch, nimmt dich mit einem winzigen Pfötchen an der Hand und flitzt mit dir los. Es ist unglaublich! Ihr rennt einfach gemeinsam am dicken Stamm hinauf! Als hätten deine Füße genug Halt - oder ihr einfach so blitzschnell seid, dass das egal ist. Du kommst ganz schön aus der Puste, um mit Ratatösk Schritt zu halten, und doch klappt es.

Da nimmst du plötzlich ein ganz rotes flackerndes Licht wahr und Ratatösk hält mit dir seitlich auf einem riesigen Astansatz an. Du kannst sehen, dass eine Art großes rundes Fenster in den Stamm hineinführt - oder ist es hindurch? So etwas hast du noch nie zuvor gesehen ... Als ob sich mitten im Baum eine andere Welt auftut!

„Genau so ist es ... Das ist eine andere Welt und hier ist der Eingang“, sagt Ratatösk zu dir, als hätte es deine Gedanken gelesen. „Komm, wir schauen mal hinein. Aber geh nicht zu dicht ran, es ist sehr heiß hier!“, warnt es dich. Ihr beide geht näher heran und du schaust durch die Öffnung ... Überall siehst du Feuer, Flammen, Flackern in Orange, Rot und Gelb ... und es ist wirklich ganz schön warm hier.

[6] Ratatösk ist der Name des mythologischen Eichhörnchens, das in der nordischen Vorstellung ständig den Weltenbaum hinauf und wieder hinab rennt.

„Darf ich vorstellen?“, fragt dich das Eichhörnchen. „Das ist Muspelheim! Schau mal, was du alles dort entdecken kannst, wenn du von hier aus heimlich beobachtest …“ Und so schaust du mal eine Weile einfach in diese lustig klingende Welt hinein …

„Na komm, wir schauen uns noch etwas ganz Tolles zusammen an, da ist mehr los!“, meint Ratatösk nun ganz fröhlich an deiner Seite. Es scheint noch mehr Welten zu geben und natürlich magst du sie gern entdecken.

Die winzige Vorderpfote schnappt sich wieder deine Hand und Ratatösk flitzt mit Schwung los. Ihr duckt euch unter knorrigen Ästen und seid so schnell, dass du kaum etwas um dich herum sehen kannst. Schon kommt ihr wieder auf einem Ast etwas weiter oben im Baum zum Stehen und atmet tief durch. Hui, angekommen. Dann stupst dich Ratatösk mit seiner kleinen Pfote an und sagt: „Schau mal hier hinein, das ist Swartalfheim, die Welt der Schwarzalben! Ihr Menschen kennt sie oft auch als Zwerge und ähnliches kleines Erdenvolk. Kannst du sie hören?! Komm mal her!" Das klingt spannend und so kommst du auch an dieses große runde „Fenster" im Baum heran und wirfst einen Blick in die Zwergenwelt ... Und tatsächlich! Auch dies ist ein Fenster in eine völlig andere Welt! Da laufen sie, die Zwerge ... Wie sehen sie aus? Was kannst du alles entdecken? Was kannst du hören und erkennen? Schau genau zu, damit du es später berichten kannst ...

Nach einer Weile stupst dich Ratatösk erneut an und hüpft vor dir auf und ab. „Das ist so toll, oder?! Deshalb flitze ich auch so schnell hier im Weltenbaum herum, weil es überall so spannend ist, dass ich mich kaum entscheiden kann, wo ich lieber reinschauen mag. So heißt dieser riesige Baum nämlich: Weltenbaum. Weil er in all die anderen Welten führt. Wollen wir uns noch eine dritte Welt gemeinsam ansehen? Die gefällt dir bestimmt auch!" Ratatösk ist so begeistert, dass du gar nicht nein sagen kannst.

Das aufgeregte Eichhörnchen nimmt nun mit seinen beiden Vorderpfoten deine Hand und drückt sie ganz sanft, während es die Augen schließt. Du spürst, wie deine Hand ganz warm wird. Dann öffnet es seine kleinen schwarzen Knopfaugen und schaut dich an: „Es ist so schön, dass du da bist! Endlich kann ich meine Abenteuer im Weltenbaum mit jemandem teilen! Danke!" Du spürst, wie glücklich das kleine Eichhörnchen ist.

„Jetzt zeige ich dir noch etwas ganz Besonderes zum Abschluss, bevor du wieder nach Hause gehst. Komm mit!“, ruft es fröhlich, und schon rennt ihr den Stamm noch ein wenig höher hinauf und zwischen weiteren urigen alten Ästen hin zu einer Stelle, die ein wenig kalt und nass aussieht. Auch Moos wächst dort und Ratatösk wird langsamer und gibt dir den Rat: „Hier machen wir am besten langsam. Von all den Stürmen und dem Frost, dem Regen und dann wieder Sonnenschein ist es hier oft rutschig.“ Da ihr so hoch oben unterwegs seid, bist du froh über diesen Rat und merkst tatsächlich schon die veränderte Rinde des Baumes und die Luft um dich herum, die hier oben viel kälter erscheint.

„Wenn du vorsichtig nah herangehst, kannst du durch diese Öffnung nach Jötunheim schauen, die Welt der Riesen! Ich bin gespannt, wie du sie findest!“, kichert das Eichhörnchen.

Du tastest dich auf dem Ast weiter zur Öffnung in die Welt der Riesen und bist selbst auch ganz gespannt ... Wie sie wohl aussehen? Was sie wohl anhaben? Und wie sie sich bewegen? Gleich weißt du es ganz genau, denn nun hast du Zeit, in diese Welt hineinzuschauen - ah! Da ist schon der erste Riese! Schau dir alles in Ruhe an ...

Zwei winzige Pfötchen umklammern nun deinen Zeigefinger und drücken ihn ein paar Mal. „Und?! Wie findest du es hier?!“, fragt dich Ratatösk aufgeregt. „Würdest du wohl auch noch einmal wiederkommen?! Hier sind nämlich drei mal drei Welten! Also neun! Und jetzt hast du schon einmal drei kennengelernt ... und ich würde dir so gern auch nochmal die anderen zeigen. Aber jetzt müssen wir dich nach Hause bringen. Ich wünsche mir so sehr, dass du nochmal wiederkommst ..." Ganz lieb klammert es sich um deinen Finger und schmust sich nun sogar an.

Vielleicht magst du es mal vorsichtig drücken oder sein weiches Fell streicheln? Und vielleicht magst du auch zum Abschied danke sagen, dass es dir so viel Spannendes gezeigt hat ... oder auch gleich sagen, dass du gern wiederkommen magst. Wie es sich für dich jetzt richtig anfühlt.

Ratatösk reibt sich noch einmal kurz an dir und drückt deine Hand, dann spürst du, dass es Zeit ist, sich gemeinsam auf den Rückweg zu machen. Dieses Mal flitzt ihr den Stamm hinab, hui ...! Und in Windeseile kommt ihr am Fuße des Weltenbaumes an, wo ihr euch vorhin begegnet seid.

„Ich möchte dir auch nochmal danken", sagt das Eichhörnchen zu dir. Seine niedliche Nase mit den Schnurrhaaren zuckt aufgeregt. „Es war so schön für mich, mal nicht allein hier herumzuflitzen, sondern mein Abenteuer teilen zu können! Du bist hier stets willkommen, ________ *(Name des Kindes)*!"

Mit diesen Worten springt es wieder auf den Ast, auf dem es vorhin schon saß, und winkt dir zum Abschied zu. Auch du winkst und machst dich auf den Rückweg, gehst wieder zwischen all den alten Eichen und Buchen, den Farnen und kleinen Waldblumen hindurch. Du nimmst noch drei tiefe Atemzüge und kommst immer mehr hier an … hier in deiner Welt. Dann öffnest du langsam deine Augen.

Willkommen zurück!

Fröhlich sein dein Tag! Voller bunter Abenteuer in allen Welten sei dein Leben!

Die grüne Kraft des großen Waldes

In dieser Reise findet das Kind Zugang zur **GRÜNEN KRAFT DER NATUR,** die auch im Körper spürbar wird, sowie eine **INNIGE VERBINDUNG ZUM WALD.** Ebenso lernt es große und beeindruckende Tiere kennen, die es freundlich tragen.

Mache es dir erst einmal ganz bequem, damit du frei atmen kannst. Jeder einzelne deiner Atemzüge ist etwas ganz Besonderes, denn jeder Atemzug verbindet dich mit der Welt, mit den Wäldern und Meeren, mit allen anderen atmenden Wesen.

Schließ deine Augen und atme dreimal ganz tief ein und ganz lange aus.

Spüre, wie du dabei leicht und frei wirst.

Nun tauche mit deinen nächsten Atemzügen ganz in die Welt deiner Fantasie ein. Stell dir vor, du bist nun an einem Ort in der Natur, den du sehr magst, an dem du dich wohlfühlst. Sieh ihn vor dir und laufe dort ein paar Schritte umher.

Da plötzlich kommt ein riesiges grünes Blatt angeflogen. So kräftig grün und so riesengroß, wie du es noch nie zuvor gesehen hast. Solche Pflanzen gibt es hier doch gar nicht, oder? Wie groß muss erst der ganze Baum sein, wenn ein Blatt schon so groß ist?!

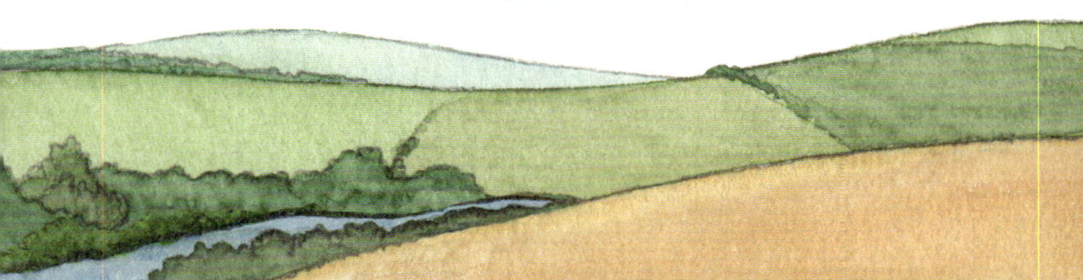

Es kommt auf dich zu, wird immer langsamer und landet ganz sanft neben dir auf dem Boden. Dann wippt es ein wenig ... bewegt sich, als würde es dir zuwinken. Es scheint fast so, als ob du aufsteigen sollst ... als ob es dich mitnehmen und mit dir auf Reisen gehen möchte. Also kletterst du mutig auf das riesige Blatt und setzt dich in die Mitte. Das ist ein bisschen, wie ein fliegender Teppich aus lebendigem Grün.

Oh ... da bewegt es sich langsam, hebt sanft vom Boden ab und steigt immer höher hinauf. Es wackelt ein bisschen, aber irgendwie ist es auch ein lustiges Ruckeln ... irgendwie aufregend. Wo es wohl hingehen wird?

Du siehst von hier oben deinen Lieblingsplatz mal ganz anders, was auch spannend ist.

Ihr fliegt immer weiter und du siehst die Wiesen und Wälder unter dir, du überquerst Hügel und weites flaches Land, du überwindest Flüsse und langsam lässt du Städte und Dörfer hinter dir ... und kommst an einen nebligen Schleier.

Das riesige Blatt zittert dort ein wenig und auch du fühlst eine große Kraft, die wie die Schwingung einer riesigen Trommel deine Seele berührt und in deinem Bauch spürbar ist.

Dann fliegt das Blatt dich durch den Schleier hindurch und ihr seid direkt in einer grünen, fruchtbaren Welt, die

aussieht wie ein einziger riesiger Wald[7]. So weit du auch schaust, überall mächtige Eichen und Buchen, die in den Himmel ragen; Eschen, Tannen und Fichten, Linden und Birken, Ahorn und Erlen, Hasel und viele mehr. Ein tiefer Wald voller Leben, in dem es überall raschelt und knackt, in dem Vögel singen, Eichhörnchen herumflitzen, Hirsche röhren, Füchse bellen und Wildkatzen fauchen.

Während du dich umsiehst, steuert das fliegende Blatt auf den Boden zu, landet sanft und setzt dich dort im großen Grün ab.

Du kletterst vom Blatt herunter und gehst ein paar Schritte tiefer in den Wald hinein.

Spüre den weichen Waldboden unter deinen Füßen, den Wind, der durch die Bäume weht, atme die würzige Luft, die erfüllt ist von den Gerüchen nach Wild, nach Harz, nach Tannennadeln, nach Füchsen.

Setze einen Fuß vor den anderen, schau dich um! Lausche! So viel Lebendigkeit in diesem Wald!

Du schlenderst weiter im Wald umher, berührst vielleicht die raue Rinde der Bäume oder die weichen Moospolster auf Steinen und Wurzeln, beobachtest die Tiere, die dir begegnen ... Das ist deine Wald-Abenteuer-Reise.

[7] Diese Welt ist Vanaheim, die Welt der alten Wald- und Fruchtbarkeitsgötter, genannt die Vanen.

⊕

Während du umherwanderst, hörst du plötzlich ein Rumpeln und Trampeln, das schnell näher kommt ... Der Boden scheint zu beben, eine große Kraft nähert sich ...

Doch seltsamerweise beunruhigt dich dies überhaupt nicht, ebenso wenig wie die Vögel, die weiter in den Bäumen singen, oder die Rehe, die gelassen an jungen Trieben knabbern. Alles ist ganz friedlich, nur das Rumpeln und Trampeln kommt näher.

Dann biegen sich wie von Zauberhand direkt vor dir die Haselbüsche und Hainbuchen zur Seite, erschaffen eine Öffnung, ohne dass auch nur ein Ästlein gebrochen wird – und vor dir steht ein riesiger goldener Eber mit Hauern groß wie dein Unteram, leuchtend goldenen Borsten und klugen, wissenden Augen.

Auf diesem Wildschwein sitzt ein Mann, gekleidet in Felle und Leder, vor Kraft strotzend, mit wildem und gleichzeitig sanftem Blick und einer großen Geweihstange eines Hirsches in der Hand.

Er springt vom Rücken des Ebers, steht nun vor dir und stellt sich vor:

„Mein Name ist Ing oder auch Yngvi, doch ihr Menschen nennt mich Freyr. Ich bin einer der uralten Erdgott-

heiten. Und mein grunzender Begleiter ist Gullinborsti, der Goldborstige. Hier in Vanaheim – so heißt dieser Wald – bin ich der Hüter der Tiere und der Gott des Lebens. Und meine Kraft reicht bis in deine Welt, bis in die Wurzeln der Pflanzen in deinem Garten, bis in das Herz der kleinsten Blaumeise und deren Lied."

Er nickt dir zu, heißt dich willkommen – und obwohl dieser Mann, dieser Erdgott von enormer Kraft erfüllt ist, spürst du doch auch einen tiefen Frieden, der von ihm ausgeht. So wie die Stille eines Waldes.

„Du bist auf einem Blatt unseres Waldes hergeflogen und nun darfst du auf Gullinborsti reiten. Wir möchten dir nämlich etwas zeigen. Wenn du magst, hebe ich dich hoch", bietet er dir freundlich an. Was für eine Gelegenheit! Da nickst du doch gern und lässt dich hochheben, um auf dem goldenen Eber aufzusitzen.

Polternd und rumpelnd macht sich Gullinborsti wieder auf den Weg zwischen den Bäumen hindurch, während euch Freyr zu Fuß begleitet.

Ihr wandert auf kleinen Wegen immer tiefer in den Wald hinein. Manchmal denkst du, dass es hier nicht weiter gehen kann, doch dann teilen sich die Pflanzen vor Freyr und du kannst ihm leicht durch den immer dichter werdenden Wald folgen. Außerdem ist es natürlich auch fein, auf Gullinborstis Rücken sicher getragen zu werden.

Du spürst, dass dieser Wald dir ganz viel Energie gibt, die in deinem Körper richtig fühlbar ist. Du fühlst es immer stärker, je tiefer du in den Wald hineingehst. Und dann kommt ihr auf einer Lichtung an, in deren Mitte eine riesige alte Eiche steht. So einen großen Baum hast du noch nie gesehen.

Freyr hilft dir nun, von Gullinborsti abzusteigen, und führt dich zu diesem Baum. Er kommt dir wie der Großvater aller Bäume vor.

„Hier ist das Zentrum dieses Waldes, das Zentrum Vanaheims. Hier schlägt das Herz der Grünkraft. Sie versorgt uns alle mit ganz viel nährender Energie und hält uns alle hier gesund. Das möchten wir gern mit dir teilen. Bleib einfach hier bei unserem Baumfreund stehen“, sagt Freyr nun zu dir.

Dann tritt Freyr einige Schritte zurück, während du vor dem Großvater-Baum stehen bleibst.

Du spürst, wie deine Fußsohlen die Erde berühren, wie die Wärme und Kraft der

Erde dich durchströmen, wie die Energie aus der Mitte dieses besonderen Waldes sich immer stärker in dir ausbreitet. Eine bebende Grünkraft aus dem Boden strömt durch deine Füße in deinen Körper hinein, durchströmt deine Knöchel, fließt in deine Unterschenkel, durch deine Knie und deine Oberschenkel. Grün, lebendig und quirlig strömt sie in deinen Bauch und auch in deine Brust, zu deinem Herzen. Warm und heilsam breitet sich die Kraft immer mehr in dir aus. Sie fließt in deine Wirbelsäule, Wirbel für Wirbel nach oben, durch die Nerven, durch die Muskeln, durch deinen ganzen Rücken. Sie fließt weiter nach oben, umspült deine Schultern und deinen Nacken, dann in deine Arme und Hände - in jedem einzelnen Finger kannst du diese grüne Kraft spüren.

Aus deinem Nacken strömt die Kraft weiter nach oben in deinen Kopf, in dein Gesicht, deinen Mund, sogar in deine Zähne, dann in Augen, Ohren und Nase.

Von den Füßen bis zu deiner Kopfhaut fühlst du diese Kraft - wie grüne Wellen läuft sie durch dich hindurch. Spüre mal nach ...

„Wie ich es dir gesagt habe - die Grünkraft versorgt uns alle mit ganz viel nährender Energie und hält uns alle hier gesund. Den ganzen Boden, auf dem du stehst, auch jeden kleinen Gras-

halm, alle Wurzeln der Bäume und alle ihre Blätter, Knospen und Früchte, jedes noch so kleine bisschen Moos, alle Pilze und sogar alle kleinen Käfer und Ameisen, Frösche und Schlangen, Bienen und Vögel. Auch die wilden Tiere des Waldes, die Wolken und Sterne am Himmel und auch die Berge, Flüsse und Seen. Nichts ist zu klein, nichts zu groß, einfach alles wird gut versorgt, auch du. Wir sind alle über diese Kraft miteinander verbunden", sagt Freyr nun zu dir und kommt wieder etwas näher.

Du verstehst, dass diese Kraft immer in dir ist: das Grün der Welt, deine Verbindung mit allem Lebendigen, das du einfach ein- und ausatmest ... Mehr gibt es nicht zu tun.

Nun tritt Freyr auf dich zu, hebt das Hirschgeweih, das er in seiner Hand hält, über deinen Kopf und berührt damit ganz vorsichtig deine Stirn.

„Möge dich diese Kraft in deinem Leben leiten", sagt er. „Möge sie dich behüten und dich stets an deinen Platz in der Welt erinnern - deinen Platz inmitten allen Lebens, zwischen allen Tieren, Menschen und Pflanzen. Mögest du gesegnet sein und möge dein Leben frei, gesund und fröhlich sein!"

Dann tritt er wieder zurück und weist mit seiner Hand auf einen kleinen Weg, der sich auf magische Weise im Unterholz öffnet und von der Lichtung in den Wald führt.

Bedanke dich nun bei Freyr und verabschiede dich. Bedanke dich auch gern bei dem großen Baum. Und natürlich auch bei Gullinborsti, der dich so fein getragen hat.

Dann wendest du dich dem kleinen Weg zu und folgst ihm. Du genießt noch einmal deine Schritte auf dem Waldboden, atmest die gute Luft und spürst die Kraft, die in dir lebendig ist. Spüre die Tiere um dich herum, deine Verwandten mit Fell und Federn und Borsten, deine große Familie.

Da plötzlich siehst du in einiger Entfernung schon den Schleier, durch den du vorhin auf deinem fliegenden Blatt gekommen bist ... scheinbar hat dir Freyr eine Abkürzung gezeigt.

Am Schleier angekommen, der diesen großen grünen Wald von deinem Zuhause trennt, nimm noch einmal drei tiefe Atemzüge und gehe dann einfach hindurch.

Schon bist du wieder an deinem Platz in der Natur, den du so magst. Von dort bringst du nun die grüne Kraft mit zu dir nach Hause.

Recke und strecke dich, wenn du magst, und komm damit wieder ganz hier an, wo dir diese Reise vorgelesen wird.

Öffne nun langsam deine Augen.

Gesegnet sei dein Leben! Gesegnet sei deine wundervolle Kraft!

In der Schmiede der Zwerge

Die Reise beschenkt die Kinder nicht nur mit einem Besuch in der **ZAUBERHAFTEN ZWERGENSCHMIEDE,** sondern auch mit einem kraftvollen Geschenk, das an die alten Wege erinnert, mit der Erde selbst und den Zwergen verbindet sowie die **EIGENEN INNEREN KRÄFTE** der Kinder stärkt. Auch diese Reise erreicht das sogenannte „magische innere Kind", erhält diese Kraftquelle während des Heranwachsens und damit den nährenden **ALLTAGSZAUBER.**

Finde eine ganz gemütliche Position für dich - im Sitzen oder im Liegen, und wenn du magst, decke dich zu.

Schließe jetzt deine Augen, damit du eine Reise in dein Inneres machen kannst, und atme dreimal tief durch.

Stell dir nun vor, wie du aufstehst und das Haus verlässt, in dem du lebst. Du gehst hinter das Haus und siehst plötzlich, dass sich dort ein Weg auftut, den du zuvor noch nie gesehen hast. Er ist von wunderschönen riesigen alten Bäumen eingerahmt, die knorrig ihre Äste in den Himmel strecken. Du betrittst den Weg und gehst einige Schritte in diese ursprüngliche Landschaft hinein. Als du näher an die Bäume des Waldes herankommst, siehst du, wie sich Efeu an ihnen hochrankt und Ilexbüsche mit ihren roten Beeren Farbtupfer inmitten des Grüns bilden. Du atmest die würzige Waldluft genüsslich ein ...

Da knacken ein paar Äste und du spürst, dass sich jemand nähert. Als du in die Richtung schaust, aus der das Geräusch kommt, erkennst du dort mitten im Wald eine natürlich gewachsene Hecke, bei der nun ganz unten die Äste sanft zur Seite geschoben werden und ein Dachs hervorkriecht. Erst sieht man nur sein schwarz-weißes Gesicht, dann seine Vorderbeine, das kleine dicke Bäuchlein und zuletzt die Hinterbeine. Er brummelt ein bisschen - bestimmt hat er die Äste unsanft abbekommen. Dann kommt er auf dich zu und sagt: „Ah, hallo, du musst ________ *(Name des Kindes)* sein!" Scheinbar kennt man deinen Namen hier im Wald und so nickst du dem Dachs freundlich zu. „Schön, dass du in diesen alten Wald aus längst vergangenen Tagen, gefunden hast. Ich bin Didi und man nennt mich hier ‚Didi, der um die Geheimnisse der Erde weiß', weil ich als einer der wenigen noch die Wege zu den Wesen der Natur kenne. Und zwar zu denen, die der Erde so nah wie sonst niemand sind: ... die Zwerge. Hast du Lust, sie mit mir gemeinsam zu besuchen? Dann kennst auch du die Wege wieder! Das wäre toll!" Da er so munter einfach drauflosgeplaudert hat, weckt er deine Begeisterung und Neugier und so nickst du ihm wieder zu.

Der Dachs wendet sich um, schiebt wieder sanft die Zweige auseinander und schlüpft durch die Hecke hindurch - dieses Mal hältst du ihm dieses Heckentor ein wenig auf, denn mit deinen Händen hast du es leichter. Dann schlüpfst du auch schon hinterher. Er klettert ganz flink über ein paar dicke Äste und Zweige, die der Wind von den Bäumen geweht hat, und du musst dich fast schon beeilen, um mit ihm Schritt zu halten. Unglaublich, wie flink dieser doch recht füllige Dachs sich hier bewegen kann! Du merkst sofort, dass er sich hier wirklich sehr gut auskennt und sich überall seine Wege bahnt.

Nun macht er Halt an einem alten, enorm dicken Baumstumpf, der innen hohl zu sein scheint. „Hier sind wir. Schau hinunter - guck mal rein ...“, ruft er dich heran.

Du kommst näher und beugst dich über den hohlen Baumstumpf. Man kann sehr weit hinunterblicken. Und man kann alles ganz klar und nah sehen - als wäre ein unsichtbares Vergrößerungsglas angebracht. Staunend siehst du dort die Wände der Höhle flackern, es muss also irgendwo ein Feuer sein. Du hörst geschäftige Geräusche: Klirren von Metall, einzelne Hammerschläge und auch das Zischen von etwas Heißem, das in Wasser getaucht wird. Leiser Singsang schwebt zu dir nach oben und eine heimelig wohlige Atmosphäre breitet sich in dir aus. Es scheint so, als hättest du all das schon einmal gesehen ... Und dann huschen ein paar kleine Wesen dort unten herum und holen etwas heran. Du musst direkt lächeln. Dort werkeln die Zwerge[8].

„Wir alle haben auf dich gewartet“, sagt der Dachs ganz liebevoll zu dir. „Es ist Zeit. Lass uns hinuntergehen.“

Du schaust ihn ein wenig verständnislos an und schon klettert er dir voran den Baumstumpf hinab. Seine Füße finden mit den großen Krallen die Mulden in der Erdwand und du beobachtest seinen Weg genau. Dann schwingst auch du dich in den Baumstumpf. Es riecht hier feucht-modrig, wie uraltes Holz und auch irgendwie nach grünem frischem Moos … und es mischt sich jetzt auch der Geruch von Feuer, Rauch und Schmiedekunst dazu.

Dann hörst und riechst du sie nicht nur werkeln, sondern du bist unten angekommen und siehst auch alles vor dir: die glühenden Kohlen des Schmiedeofens, das prasselnde Feuer, den Amboss und ein paar Zwerge, die eifrig schmieden.

---

[8] Die Zwerge oder Schwarzalben wurden in der nordischen Mythologie als in der Erde wohnend gedacht, wo sie allerlei Zauberdinge kunstfertig schmieden.

Fasziniert beobachtest du das Geschehen. Sie wirken wie die Magier der Erde, die tief im Verborgenen nicht nur schmieden, sondern wirklich zaubern können. Was kannst du alles erkennen? Schau dich um. Nimm alles wahr ...

Da tritt einer der Zwerge nah an dich heran und verneigt sich ein wenig vor dir. Du tust das Gleiche. „Schön, dass du gekommen bist“, begrüßt er dich. „Wir sind gleich fertig. Nur einen Moment noch.“ Der Dachs kommt ebenfalls ganz nah an dich heran und du fühlst seine angenehme Wärme.

Die Zwerge wenden sich dir nun ganz feierlich zu, verneigen sich alle ganz leicht und einer von ihnen sagt: „Es ist so weit. Du bist bereit für dein Geschenk. Wir geben dir heute diesen geschmiedeten Kraftgegenstand voller Zauberkraft! Er ist nur für dich gemacht! Es ist unser Geschenk, um dich wieder an die Geheimnisse der Erde und die uralten Wege zu erinnern, um dich wieder mit uns Zwergen zu verbinden ...“

Dann wendet er sich bedeutungsvoll um und zwei andere Zwerge treten hervor. Sie halten dir aus all den wunderschönen glänzenden Schwertern, Schilden und Helmen, aber auch Ketten und kleinen Kronen, Edelsteinen und vielem mehr ein so unglaublich schönes kraftvolles glänzendes Geschenk entgegen, dass du kaum glauben kannst, dass es für dich bestimmt sein soll.

Nimm dir einen Moment, um es genau anzuschauen, die Form und die Materialien zu erkennen, die Zauberkraft darin zu erspüren ... Vielleicht magst du es auch einmal berühren?

Dann bedeuten sie dir, dich etwas zu bücken, um dir dein Kraftgeschenk zu überreichen. Kaum berührst du es, spürst du tatsächlich überall in deinem Körper Kraft strömen und wie dir das nach und nach eine ganz besondere Stärke verleiht. Zugleich fühlst du eine warmherzige, liebevolle Kraft, die sich wie eine Kuscheldecke über deinen Rücken legt.

Da flüstert Didi dir zu: „Wir sind alle Kinder der Erde. Dein Körper ist der lebende Beweis für das Wunder allen Lebens. Wenn du mit dir und deinem Körper gut umgehst, dann gehst du auch mit der Erde gut um. Dieses kraftvolle Geschenk der Zwerge möge dich immer daran erinnern, dass alles, was dich und deinen Körper stärkt und wahrhaft nährt, auch unsere Erde und all ihre Wesen nährt. Es möge dich erinnern, dass wir Waldwesen dir beistehen, wann immer du uns rufst."

Die Wärme an deinem Rücken wird intensiver, als ob dort ganz viele weitere Zwerge und andere Waldwesen hinter dir stehen ...

Du atmest tief durch und fühlst dich ganz entspannt, spürst nun auch eine angenehme Wärme an deinem Körper, dort, wo du dein Kraftgeschenk berührst - und du spürst es auf einmal in dich hineinschmelzen. Es findet seinen Weg in dein Herz hinein und erfüllt dich von innen. Mit tiefem Vertrauen, großer Stärke und inniger Liebe.

Bei all dem wunderbaren Zauber ist da zugleich eine Leichtigkeit spürbar, die dein Herz tanzen lässt.

Ganz beschwingt fühlst du dich, spürst aber auch, dass es jetzt Zeit ist, wieder zurückzugehen.

Die Zwerge nicken dir freundlich lächelnd zu und sind scheinbar sehr zufrieden mit sich. „Bitte komm wieder, wenn es dir nicht gut geht, damit wir dir helfen können und unser Werk tun dürfen. Du kennst ja nun den Weg ...", sagt einer von ihnen einladend.

Wenn du magst, kannst du dies bejahen und dich bei den Zwergen bedanken oder noch etwas sagen, das dir gerade wichtig ist.

Und dann nimmst du Abschied.

⊕

Didi streift dich an deinem Bein und gibt dir damit zu verstehen, dass ihr jetzt aufbrechen werdet. Er geht wieder voran und klettert Mulde um Mulde nutzend im Inneren des Erdenganges, des tief reichenden Wurzelwerkes und schließlich des hohlen Stammes empor.

Als ihr beide oben angelangt seid, schaut er dich noch einmal ganz intensiv an und sagt: „Immer, wenn du von ganzem Herzen lächelst, immer wenn deine Augen dabei so strahlen wie das Kunstwerk der Zwerge, freuen sich alle Tiere und Zwerge mit dir. Und auch alle Menschen, die es vor dir gab, die das Leben als Geschenk an dich weitergereicht haben. Wir alle danken dir für dein Lachen - und dein Lachen ist wie ein Dank für uns. Vergiss nicht, dass wir immer da sind."

Dann atmet ihr gemeinsam den Duft dieses magischen Waldes tief ein. Kannst du spüren, dass du dich nun anders fühlst?

Du blickst dich um und erkennst zielsicher den Weg, den ihr zuvor gemeinsam gekommen seid. Du lächelst und weißt, du wirst diesen freundlichen Dachs nie wieder vergessen. Didi geht neben dir her, bis zum Heckentor, das du nun sanft zur Seite schiebst, wie zuvor. Doch der Dachs bleibt stehen und sagt: „Das letzte Stück kannst du alleine gehen, du findest deinen Weg. Danke, dass wir gemeinsam unterwegs waren! Ich werde hier in meinem Wald bleiben." So bedankst du dich auch bei ihm und verabschiedest dich von diesem lieben Waldbewohner.

Dann betrittst du den Weg, den du zuvor gekommen warst, und kommst wieder zur Rückseite deines Hauses. Gehst durch die Tür und zurück, kommst in den Raum und an den Platz, an dem dein Körper hier gerade gemütlich sitzt oder liegt.

Nimm nun zum Abschluss drei tiefe Atemzüge und spüre mit jedem davon ein wenig mehr, wo du bist und wer vielleicht bei dir ist. Komme wieder ganz dort an, bewege deine Hände, deine Zehen, recke und strecke dich - und öffne langsam deine Augen, wenn du so weit bist, wieder voll und ganz hier anzukommen.

Leuchtend seien deine Augen, voller Urvertrauen seien deine Schritte.

Knut, der kichernde Kobold

Auf dieser Reise lernt das Kind etwas über **FREUNDSCHAFT** und Verzeihen, erlebt **ECHTE NÄHE** und versteht, dass manchmal diejenigen, die andere ärgern, unsicher sind und ebenso Freunde brauchen wie alle anderen.

Wenn du heute Lust auf einen Ausflug hast, dann atme jetzt dreimal tief durch und mache es dir richtig bequem. Kuschel dich in eine Decke, lümmel dich in einen Sessel oder leg dich einfach auf den Boden. Und dann schließe sanft deine Augen und achte für ein paar Momente darauf, wie dein Atem kommt und geht. Einfach nur ein und wieder aus - dein Körper macht das ganz von allein ...

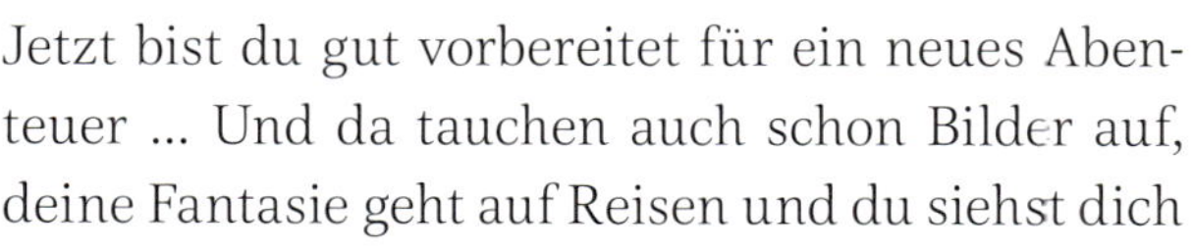

Jetzt bist du gut vorbereitet für ein neues Abenteuer ... Und da tauchen auch schon Bilder auf, deine Fantasie geht auf Reisen und du siehst dich selbst, wie du einen kleinen Pfad durch einen herbstlichen Wald entlang gehst. Ein Weg, der sich zwischen hohen Buchen und Eichen hindurchschlängelt, unter deinen Füßen buntes Laub und überall lustige Pilze an den Wurzeln der Bäume.

Die Sonne scheint und der Wald ist voller Leben: Finken und Spatzen hüpfen von Ast zu Ast, Rehe staksen umher, knabbern hier und knabbern dort ... und dahinten ist auch ein Fuchs, dessen rotes Fell man in dem ganzen Herbstlaub kaum sieht.

Schlendere gern ein bisschen umher, schau dich um, lausche den Geräuschen der Tiere, spüre den Wind ...

Deine Schritte führen dich immer weiter, bis du plötzlich von irgendwoher ein leises „Aua" hörst. Was war das? Da ... schon wieder: „Aua!"

Du schaust dich um, und dann entdeckst du ein kleines, etwas dickes Hasenkind, das an einer Baumwurzel sitzt und sich mit der Pfote den Kopf reibt.

Oben in den Baumwipfeln kichert es ...

Du schaust hoch, kannst aber nichts und niemanden entdecken. Und dann macht es *plong* ... und eine Haselnuss knallt dem kleinen Hasen auf seinen flauschigen Popo. „Autsch!", sagt der wieder ... während es in den Ästen kichert. Und da kannst du auch einen Schatten oder einen Nebel erkennen, der sich von Baum zu Baum schwingt. Was ist das bloß?

„Ärgert Knut dich?", fragt da plötzlich eine piepsige Stimme. Du schaust nach unten und siehst eine Maus, die beim kleinen Hasen sitzt und ihn tröstet. Ihre winzige Pfote liegt auf der plüschigen Hasenpfote und tätschelt ganz sacht.

Dann schaut die Maus dich an. „Oh, ________ *(Name des Kindes)*, wie gut, dass du hier bist. Vielleicht kannst du ja Knut zur Vernunft bringen ... Er ist ein Waldkobold und eigentlich ganz in Ordnung, aber manchmal langweilt er sich, und dann fängt er an, kleine Tiere zu ärgern."

Hm, Langeweile ... Vielleicht kannst du Knut etwas zeigen, das mehr Spaß macht, als andere zu ärgern ...

„Gute Idee!", ruft da ein Eichhörnchen, das aus seiner Baumhöhle schaut und offenbar Gedanken lesen kann. *Peng!* Da knallt auch schon eine Nuss an den Baum, ganz knapp neben dem Eingang der Eichhörnchen-Höhle. Und jetzt kannst du Knut auch sehen: Ein blauer Knilch mit grüner Waldhose, grünen Stehhaaren und einem grünen Kinnbart sitzt da auf einem Ast und baumelt mit den Beinen. „Hi hi hi ...", kichert er. Dann schaut er dich an ... und schluckt.

„Ähm ... bist du ________ *(Name des Kindes)*?"

Du nickst. „Oh ...", sagt er kleinlaut. „Dann bist du befreundet mit Wikingern, Waldgöttern ... und mit ... mit großen Tieren? Vielleicht sogar mit Riesen und den Zwergen?"

Du nickst wieder. Ja, du hast viele Freunde und Freundinnen.

Unruhig rutscht Knut auf seinem Ast hin und her. „Verpetzt du mich bei denen?“, platzt er dann heraus. Das scheint ihm wirklich Sorgen zu machen, denn er schaut dich erwartungsvoll mit ganz großen Augen an.

Du lächelst und schüttelst den Kopf. Verpetzen ist echt nicht dein Ding!

Knut atmet auf. Und als du ihn zu dir winkst, springt er mit einem Satz vom Baum und landet direkt vor dir. Da steht er nun, reicht dir gerade bis zum Bauchnabel und tritt von einem Bein aufs andere.

Ganz nett fragst du ihn, warum er denn die kleinen Tiere ärgert …

„Du … du schimpfst gar nicht mit mir?“, fragt er. Wieder schüttelst du den Kopf. Knut sieht sich nach dem kleinen Hasen und der Maus um. „Ich wollte einfach irgendwas Spaßiges machen … und mit mir spielt ja sonst keiner. Die Krähen haben gesagt …“ Knut schaut auf den Boden und spricht dann ganz leise weiter: „Die Krähen haben gesagt, dass … meine Füße … so stinken, dass niemand mit mir spielen will!“ Eine Koboldträne kullert aus seinem Auge und tropft auf das Herbstlaub.

Oje, jetzt wird einiges klar. Der kleine Kobold wurde selbst gehänselt und geärgert und jetzt macht er das Gleiche mit noch kleineren Wesen.

Ganz vorsichtig wischst du ihm mit deiner Hand oder deinem Ärmel die Wange ab, denn jetzt kullern noch mehr Tränen bei ihm. Er schnieft und schaut zu dir hoch. Da hast du eine Idee … Du kniest dich hin, beugst dich vor und schnupperst an Knuts Füßen. Laub ... Wald ... Moos ... ein kleines bisschen Kobold-Müffel, aber nichts Schlimmes. Astreiner Kobold-Fußduft vom Allerfeinsten. Du hältst einen Daumen hoch und lächelst ihn an.

Das Eichhörnchen, das noch aus seiner Höhle schaut, versteht sofort deinen Plan, kommt den Baum heruntergeklettert, hüpft zu euch und schnuppert mit seinem kleinen Näschen ebenfalls an Knuts Füßen.

„Riechen überhaupt nicht schlimm. Im Gegenteil. Irgendwie nach Nüssen und Beeren ...", grinst es.

Knut schaut schon ein bisschen fröhlicher aus der Wäsche. Dann kommt auch die Maus. Das Näschen zittert hin und her, und dann meint auch sie: „Spitzenfüße. Einfach Spitzenfüße. Leichte Gouda-Note mit einem Hauch Parmesan! Sehr, sehr angenehm!"

Knut lächelt breit, als auch der kleine dicke Hase angehoppelt kommt und mal eine Nase voll nimmt. „Ui ...", sagt er, „duftet nach Gras und ein kleines bisschen nach wilden Möhren. Da kriege ich richtig Appetit!"

Knut prustet los ... und ihr alle müsst in sein Lachen einstimmen.

„Dann ... dann habe ich gar keine Stinkefüße?", fragt er vorsichtig. „Und ihr würdet auch mit mir spielen?"

Zur Antwort hüpfst du mit den Füßen voran in einen großen Blätterhaufen ... und die Maus, der Hase und das Eichhörnchen machen es dir nach. Und dann nimmt auch Knut mit seinen großen, überaus wohlduftenden Füßen Anlauf und springt zu euch. Durch seine Koboldmagie ist es fast so, als würde der Blätterhaufen explodieren ... *Bumm!* Überall fliegen rote, orange und gelbe Blätter durch die Luft und ihr lacht euch alle kaputt, als sie wieder auf euch herabregnen.

„Nochmal ... nochmal!", ruft der kleine Hase. Knut lässt sich nicht lange bitten: Anlauf, Sprung, *Bumm!* Im Wald sieht es aus, als würde es herbstliches Konfetti regnen ...

Knut sitzt fröhlich im Blätterhaufen, schaufelt das Laub mit seinen großen Händen herum und bewirft alle damit. Das Eichhörnchen und die Maus rennen wie verrückt um euch herum und der kleine Hase hüpft vor Freude auf und ab.

Zwischendurch streichelt Knut den Hasen auf seinem Köpfchen und flüstert ihm etwas zu ... Bestimmt entschuldigt er sich für vorhin, denn der Hase grinst bis zu seinen langen Ohren. „Beste Freunde!", sagt er mit Überzeugung.

„Für immer!", antwortet Knut und legt seine Hand aufs Herz.

Eichhörnchen und Maus nicken, und die Maus schnappt sich mit ihren winzigen Pfoten ein einziges Herbstblatt und versucht verzweifelt, es auf Knut zu werfen ... Das sieht so urkomisch aus, dass ihr schon wieder alle gemeinsam lachen müsst.

„Warte, ich helfe dir ...", meint Knut dann, nimmt seine ganze Koboldmagie zusammen und donnert wirklich ALLE Blätter des Waldes in die Luft. Wow, jetzt sieht es aus, als würde es orange schneien ... Alle staunen, lachen ... und rufen jetzt auch noch andere Tiere herbei, die angelaufen kommen und mitspielen.

Schau mal, wer noch alles dazukommt und was ihr macht ... Vielleicht Fangen spielen? Ein Wettrennen? Oder noch etwas Koboldmagisches?

Langsam wird es für alle Zeit, wieder nach Hause zu gehen, zurück in ihre Nester, Höhlen und Bauten. Und auch du kannst dich jetzt wieder auf den Rückweg machen. Das hast du heute toll hingekriegt!

Knut kommt zu dir, und als du dich herunterbeugst, flüstert er dir noch etwas ins Ohr. Hör genau zu, vielleicht ist es ein geheimer Kobold-Zauberspruch, mit dem du auch das Herbstlaub viel höher in die Luft werfen kannst als sonst ...

Auch du verabschiedest dich nun von Knut, winkst der Maus, dem kleinen Hasen und dem Eichhörnchen und natürlich auch allen anderen Tieren, die mit euch gespielt haben.

Dann drehst du dich um und gehst langsam zurück durch den Wald. Knut lässt zum Abschied nochmal alle Blätter fliegen ... und dann nimmst du wieder drei tiefe Atemzüge ... und kommst immer mehr hier in deiner Welt an. Recke und strecke dich ein bisschen ... und dann öffne langsam wieder deine Augen.

Willkommen zurück!

Fröhlich sei dein Tag, fröhlich und voller Spielideen sei dein Leben!

Das versteckte Reh

Diese Reise führt das Kind zu einem verträumten Reh, das sich vor allem von Blumen und Schmetterlingen verzaubern lässt und dabei manchmal **RAUM UND ZEIT AUS DEN AUGEN VERLIERT** … Gemeinsam finden sie einen Weg, diese Buntheit so im Alltag zu integrieren, dass sie sich selbst dabei nicht mehr verlieren, sondern **BESTÄNDIG UND KREATIV** darauf zurückgreifen können.

Setz oder leg dich gemütlich hin, schließe sanft deine Augen und atme dreimal ganz tief und langsam durch. Du weißt ja, dass dich das ganz in dir ankommen lässt und eine wunderbare Vorbereitung auf unsere Reise ist. Wenn du magst, dann spür doch auch kurz mal in deinen Körper hinein: deine Füße, deine Beine, deinen Rücken, deinen Bauch und die Brust, deine Schultern, Arme und Hände, deinen Kopf und dein Gesicht. Du kannst alles ganz locker lassen und einfach nur atmen.

Jetzt kann es losgehen, oder? Mit den nächsten Atemzügen kannst du dich immer mehr in die Welt deiner Fantasie gleiten lassen und dir vorstellen, wie du auf einer sonnigen Lichtung in einem schönen Wald stehst. Unter deinen Füßen ist dichtes, weiches Gras, überall wachsen bunte Blumen, Schmetterlinge segeln durch die Luft und die vielen Vögel singen ihre Wald-und-Wiesen-Lieder.

Ein kleiner Hase hoppelt über die Wiese, ganz nah an dir vorbei. Und am Waldrand kannst du nun eine Rehmutter mit ihrem Kitz sehen, die dort auf und ab gehen.

Aber Moment mal ... Die beiden sehen gar nicht so sonnig-entspannt aus, sondern eher unruhig. Irgendwie scheint es, als würden sie etwas suchen ...

Langsam schlenderst du zu den beiden herüber und fragst, ob du vielleicht helfen kannst.

„Oh, wie lieb, dass du fragst ...", sagt die Rehmama. „Du bist doch ________ *(Name des Kindes)*, oder?! Wie wundervoll, dass du ausgerechnet heute hier im Wald bist! Wir suchen Berkana ... mein anderes Kitz. Das hier ist Gebo[9], Berkanas Zwillingsbruder. Die beiden haben Verstecken gespielt, aber Gebo hat Berkana nicht gefunden ... und sie ist immer noch verschwunden."

„Ich hab ganz lange gesucht", fügt Gebo mit seiner piepsigen Rehkitzstimme hinzu, und du siehst, dass in seinen großen Augen Tränen schimmern.

„Sie ist in diese Richtung gelaufen, aber dann habe ich die Augen zugemacht und bis elfunddrittzig gezählt ... und

---

[9] Berkana ist der Name einer Rune, die u. a. für die Birke und den Neuanfang steht, während die Rune Gebo auf eine besondere Gabe hindeutet.

dann war sie weg …", sagt er und zeigt mit seiner schwarz glänzenden Nase auf einen kleinen Pfad, der in den Wald führt.

Dann solltest du dort zuerst suchen, oder?! Du schlägst Gebo und seiner Mama vor, dass du Berkana suchen wirst, während sie hier weiter auf der Lichtung bleiben, falls das kleine Rehkitz von allein zurückkommen sollte. Scgleich machst du dich auf den Weg in den Wald …

Der schmale Pfad schlängelt sich zwischen hohen Buchen und Eichen hindurch, auch hier singen ganz viele Vögel, andere Tiere huschen umher, und der Boden ist ganz von Laub bedeckt, sodass du leider keine Spur vom Rehkind entdecken kannst.

Dann siehst du auf einem Baumstumpf ein Eichhörnchen sitzen, das Nüsse sortiert und sich ab und an mal eine in die Backen schiebt. Das ist eine gute Gelegenheit, mal zu fragen, ob Berkana hier vorbeigekommen ist.

„Hrmpf …", sagt das Eichhörnchen kauend, „öch glaube, ein Rehfitz ift hier vorbeifefommen … hrmpf", meint es. „Ef ift da lang, hrmpf!" Mit einer Nuss in der kleinen Hand zeigt es dir den Weg.

Du bedankst dich und läufst weiter. Endlich ein Hinweis, das ist prima! Manchmal muss man einfach nur fragen …

Du läufst weiter am Waldrand entlang und sieḥst angrenzend ein frisch gemähtes Feld. Einige Wald- und Wiesenblumen liegen dort abgeschnitten herum und bilden bunte Farbklekse auf all den Haufen voller Gemähtem. Du gehst weiter und siehst in einiger Entfernung ein kleines braunes

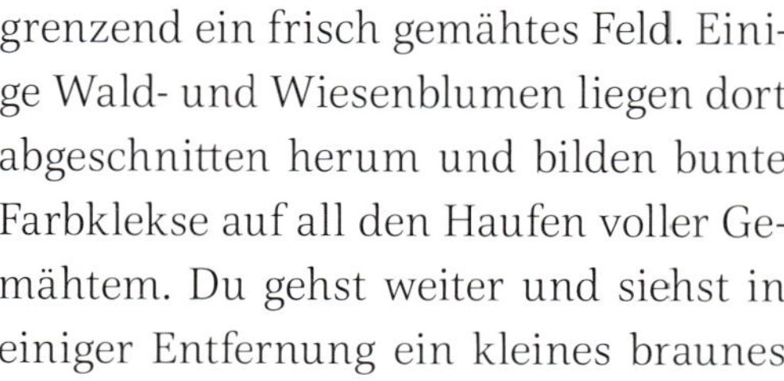

Fellbündel im hochgewachsenen Gras zwischen vielen Wildblumen. Als du näherkommst, duckt es seinen Kopf ab und du bist nicht ganz sicher, ob es wirklich Berkana ist.

Am besten stellst du dich kurz vor und fragst, ob Berkana dort im Gras versteckt ist.

Vorsichtig hebt das Reh sein Köpfchen wieder an und zwei große sanfte Augen blicken dich an. „Oh, woher kennst du meinen Namen?“, fragt dich das Rehkitz. Du erklärst kurz, dass du Gebo und die Rehmama getroffen hast und sie sich sorgen.

„Das tut mir so leid! Ich habe nicht darüber nachgedacht! Ich bin diesem wunderschönen Schmetterling gefolgt und hier sind noch so viele andere ... So bin ich hier geblieben und habe ihnen beim Fliegen zugeschaut, ihre Farben bewundert ... und habe ganz vergessen, dass Gebo ja immer noch beim Versteckenspielen nach mir sucht. Oh weh!“, sagt Berkana und steht auf. „Wie schade, dass ich schon hier weg muss, denn die Schmetterlinge sind so wunderschön! Sie lieben diese Wiesenblumen, schau mal! Findest du diese bunte Wiese und all die Schmetterlinge nicht auch toll?!“, fragt sie dich. Und tatsächlich ist das hier ein ganz wunderschöner Platz. Du schaust dich um und hast auf einmal eine ganz tolle Idee! Dort hinten bist du doch an frisch gemähten Blumen vorbeigekommen. Wenn ihr die mitnehmen würdet und als Blumenkette oder Blumenkranz tragt, lockt es bestimmt auch den ein oder anderen bunten Schmetterling mit an. Ihr könntet etwas Schönes daraus basteln! Für Berkana, die sich so freuen würde,

weiter Schmetterlinge zu beobachten und auch für Gebo und die Rehmama, die sich solche Sorgen machen. Dann kommt ihr mit Geschenken zurück.

Berkana legt den Kopf schief und schaut dich mit riesigen Augen an: „Ich kann deine Gedanken hören, aber ich weiß nicht, was ein Blumenkranz ist … Kannst du mir das zeigen?!" Du spürst, wie sehr sich das Rehkitz freut und immerhin würdet ihr schon einmal Richtung Heimat der wartenden Rehfamilie wandern, also gehst du voran und Berkana folgt dir. Währenddessen berichtest du in aller Schnelle, dass ihr aus den Blumen, die ohnehin abgeschnitten sind, noch etwas Schönes machen könnt und sie so weiterhin Freude bringen dürfen und vielleicht sogar Schmetterlinge anlocken!

Das lässt sich Berkana nicht zweimal sagen und kommt eilig hinter dir her und holt sogar auf, um neben dir zu sein. Auf ihren noch stakseligen Beinen sieht sie so lustig aus, wenn sie sich beeilt.

Ihr kommt zu den abgemähten Haufen und du zeigst

Berkana all die Blumen dort. Begeistert sucht sie sich welche aus und verrät dir auch, welche Farben die Mama und ihr Zwillingsbruder Gebo gern haben. Gemeinsam sammelt ihr einige Blumen ein.

„Und was machen wir jetzt?", fragt dich Bergan. Du knotest die Blumenstengel so zusammen, dass in aller Schnelle ein kleiner Kranz daraus wird, und setzt ihn Berkana vorsichtig auf ihren Kopf. Zwischen ihren langen Ohren sieht das ganz toll aus!

„Hui, ist das aufregend und so schön!", ruft sie begeistert. Du fügst noch ein paar bunte Blumen an den Seiten mit hinzu und machst noch zwei weitere Kränze für die anderen Rehe, denn mit seinen Hufen kann das Rehkitz dir leider nicht richtig helfen, außer beim Herantragen der Blumen. „Sie freuen sich bestimmt auch!", sagt Berkana.

Ein paar lose Blumen hebst du ebenfalls auf und mit den beiden Kränzen und all den Blumen zieht ihr nun ganz schnell weiter, um die Sorgen der wartenden Familie aufzulösen. Ganz schnell durch das knisternde Laub, vorbei am weiterhin Nüsse sortierenden Eichhörnchen und zurück zur Waldlichtung.

Schon von weitem hörst du ganz ulkige Geräusche und siehst die Rehmama den Hals ganz lang strecken und den kleinen Gebo auf seinen wackeligen Beinchen aufgeregt hüpfen.

„Da bist du ja! Wir sind so froh dich zu sehen!“, rufen beide euch zu.

Wie ein Wasserfall berichtet Berkana den beiden von den wunderschönen Schmetterlingen und den bunten Blumen und dann von deiner so großartigen Blumenkranz-Idee.

„Bitte, bitte, _________*(Name des Kindes),* setze ihnen die Kränze auch auf, dann können wir schauen, ob es klappt! Das ist so aufregend!“, freut sie sich immer weiter.

Sie alle freuen sich einfach so sehr, dass Berkana zurück ist, dass sie ihr zuliebe alle gern mitmachen und auch gespannt sind, ob die Schmetterlinge kommen werden. Sie sind einfach wieder fröhlich vereint.

Du setzt Gebo und der Rehmama auch Blumenkränze auf und hast am Ende selbst noch die schönen losen Blumen in der Hand. Vielleicht magst du dir, während ihr wartet, ob wirklich Schmetterlinge kommen, auch noch einen basteln? Oder du bringst die Blumen mit zu dir nach Hause.

Und tatsächlich ... in einiger Entfernung siehst du einen wunderschönen weiß-orangenen Schmetterling herabfliegen und da ist auch ein leuchtend gelber ... Sie kommen! Berkana hat sie auch bemerkt und freut sich so sehr! Sie hüpft ein wenig auf und ab und reibt dann ihr weiches Köpfchen an deiner Schulter.

„Danke!", sagt sie leise. „Du hast mich heute so glücklich gemacht!" Und die Rehmama schleckt dir einmal über deinen Kopf. Das fühlt sich komisch an! Aber sie meint es ja lieb. „Ich danke dir auch von ganzem Herzen, dass meine beiden Kinder wieder vereint bei mir sind und noch dazu so glücklich."

Du freust dich sehr, dass alle so schön spielen und so viel Freude an den Schmetterlingen haben, die um ihre Köpfe herumflattern und ab und an sogar auf den geflochtenen Kränzen landen. Noch dazu haben auch die Blumen nochmal eine ganz schöne Aufgabe und machen alle glücklich. Das ist ein guter Moment, dich zu verabschieden und dich auf deinen Rückweg zu machen, damit du auch von deinen Erlebnissen berichten kannst.

So sagst du den drei lieben Rehen *Auf Wiedersehen* und wünschst ihnen ganz viel Freude weiterhin. Sie alle wackeln fröhlich mit den großen Ohren, als würden sie dir zum Abschied winken. Du winkst ebenso und gehst nun wieder zu deinem Ausgangspunkt zurück. Dort atmest du dreimal ganz tief ein und wieder aus.

Hast du deinen Blumenkranz noch auf?

Oder die Blumen in der Hand?

Spüre mal nach ...

Dann reck und streck dich, wenn du magst, und öffne langsam wieder deine Augen. Und gerne berichte nun auch du, genau wie der kleine Wasserfall Berkana, was du gerade alles Schönes erlebt hast.

Fröhlich sei dein Tag! Fröhlich sei dein Leben!

Die wilde Skadi

Die Reise ist hilfreich für Kinder, die kreativ, frei wie der Wind, wild und wunderbar sind oder gern ein wenig mehr so wären ... Sie ermutigt zu **IDEENREICHTUM** und **SELBSTSTÄNDIGKEIT,** Lust am Ausprobieren und „einfach machen".

Heute erleben wir gemeinsam ein Abenteuer und einen ganz besonderen Neubeginn mit einer fröhlichen Erfinderin ...

Mach es dir zunächst einmal ganz bequem, schließ ganz sanft deine Augen und mach dich mit ein paar tiefen Atemzügen bereit für eine neue Reise ...

Mit deinen nächsten Atemzügen lässt du dich nun ganz in die Welt deiner Fantasie gleiten und siehst dich selbst in einem schneebedeckten Wald. Die Äste der Bäume, die Büsche und Steine, die knorrigen Wurzeln und der Boden des Waldes - alles ist mit einer weißen Schicht bedeckt. Der

Schnee glitzert wunderschön in der Sonne und am Himmel sind nur wenige weiße Wolken im ansonsten hellen Blau. Ganz in der Ferne hörst du ein aufregend-schönes Heulen von Wölfen, aaaaaauuuuuuuuhhhhhhhhh .... Und da weißt du nun wirklich: Es ist ein wundervoller Tag für ein Abenteuer. Du wanderst in der Schneelandschaft herum und schaust dich um. Manchmal tropft es leise von einem Ast herunter, wenn die Sonne ein wenig Schnee zum Schmelzen gebracht hat, manchmal werden ein paar Flocken von den Ästen heruntergeweht, und manchmal raschelt es leise, wenn eine Maus über den Schnee und ab ins Unterholz springt. Ansonsten ist es sehr still, da der Schnee alle Geräusche dämpft – ungefähr so, wie wenn du eine kuschelige Decke über dich legst und dann darunter sprechen würdest.

Das Lauteste, das du in dieser Reise gerade hören kannst, sind deine eigenen Schritte, die im Schnee so herrlich knirschen. Dieses Geräusch gibt es nur beim Laufen über Schnee.

Knirsch, knursch, knirsch, knursch ... So wanderst du langsam durch den Wald und genießt diesen schönen Tag.

Und da hörst du plötzlich doch etwas anderes: Von irgendwoher kommt ein seltsamer Singsang und ein fröhliches Lachen. Was mag das sein?

Mutig und abenteuerlustig, wie du bist, stapfst du in die Richtung, aus der du das Lachen und Singen hörst. Von irgendwo da oben auf dem kleinen Berg kommen die Geräusche. Doch je höher du auf den Berg hinaufgehst, desto tiefer wird der Schnee. Hier oben stehen nicht so viele Bäume, und deshalb hat sich der Schnee auf der freien Fläche des Hügels höher aufgetürmt. Er reicht dir nun bis über die Knie, und jeden Schritt merkst du in deinen Beinen. Doch du gehst gespannt weiter hinauf.

Endlich siehst du, wer zu den Geräuschen passt: oben auf dem Berg ist eine kleine Holzhütte und davor eine Art Tisch aus großen Steinen und darauf reibt ein Mädchen ganz eifrig einen Lappen über zwei schmale, wunderschön verzierte Bretter und lacht und singt dabei ein lustiges Lied, das du nicht richtig verstehen kannst. Sie hat ganz wilde Haare und auch fröhlich-wild aufblitzende Augen, als sie dich nun entdeckt und angrinst.

„Hey, wer bist du denn?! Magst du herkommen?", ruft sie dir freundlich zu.

Langsam kommst du näher und sie reibt sich ihre Hände an der Hose ab, um eine kleine Pause zu machen. Da siehst du, dass sie Kleidung aus Leder und Fell trägt, fast als hätte sie selbst einen kleinen Pelz und auch fast so, als käme sie aus einer anderen längst vergangenen Zeit.

„Ich bin Skadi![10]", lacht sie dich an. Du begrüßt sie und sagst ihr natürlich auch deinen Namen. Neugierig schaut sie dich an und hat sofort eine Idee ...

„Es ist ganz sicher kein Zufall, dass du ausgerechnet heute hier gelandet bist, liebe/r ________ *(Name des Kindes)*. Kannst du mir helfen?!"

Vorsichtig zuckst du mit den Schultern, denn du magst auch erst einmal abwarten, was genau sie meint ... „Sieh mal, ich bastele mir gerade diese Schneebretter, mit denen ich gaaaaaanz schnell den Berg hinabsausen möchte! Und genau jetzt bin ich mit den Brettern fertig und muss es an die Füße anpassen - da kommst du genau richtig, denn sieh mal, wir haben ganz ähnlich große Füße", sagt Skadi nun und stellt wie zum Beweis ihren Fuß neben deinen. „Kannst du dich gleich auf die beiden Bretter stellen und ich binde die Halterungen fest? Das wäre so toll! ...", fragt sie dich

[10] Skadi ist die nordische Göttin des Winters und der Jagd, der tatsächlich die Erfindung der Skier zugesprochen wird.

aufgeregt und fröhlich und flitzt sofort um dich herum, um alles das fertigzumachen. Du nickst und beobachtest sie dann dabei, wie sie die dünnen Bretter vor sich legt, die mit wunderschönen Schnitzereien verziert sind, und auch feste Lederriemen und anderes Material holt, das du nicht gleich zuordnen kannst. Dann kommt sie mit einem Werkzeugkoffer aus Holz und du bist ganz beeindruckt, was dieses Mädchen alles kann!

„Super, nun stell dich mal genau hier drauf! Ich habe alles vorbereitet!“, sagt sie und zeigt auf eine Stelle auf den Brettern. Deine Füße passen wirklich genau auf die beiden Stellen und Skadi beginnt sofort ganz geschickt, die Lederriemen um deine Füße herum anzupassen. Sie ist ganz aufgeregt und freut sich riesig: „Ich hoffe so sehr, dass meine Erfindung auch funktioniert! Magst du es gleich mit mir ausprobieren?! Ich habe noch zwei Bretter vorbereitet und ... wo du schon mal da bist?!“, fragt sie dich. Du nickst, bist aber etwas verwundert, denn dich erinnert das alles an Skier. Du sagst aber nichts, weil sie sich so freut.

Als alles anprobiert ist, grinst sie ganz zufrieden und bittet dich, dich jetzt auf die beiden anderen Bretter zu stellen. Auch dort fertigt sie alles ganz geschickt und du fühlst dich wohl, in deinen Schneebrettern, wie sie es nennt.

„Aaaaaaahuuuuuuuuu!“, hört ihr beide es in der Ferne und es kommt dir so vor, als wäre das Heulen der Wölfe nun näher als vorhin.

„Aaaaaaaaaaahuuuuuuuuuuu!“, ruft Skadi nun plötzlich ebenfalls und lacht dann ganz fröhlich. „Das sind meine Freunde, die Wölfe. Sie kommen! Juhuuu, jetzt können wir es ausprobieren!“

Sie ist noch lebendiger und aufgeregter als vorher und ihre wilden Augen strahlen mit der Sonne um die Wette. Da greift sie mit ihren Händen deine Hände und drückt sie ganz fröhlich. „Weißt du, ich will immer schon mit den Wölfen rennen, wenn sie über den Hügel herunterkommen, und meistens kullere ich dann wie ein Ball durch den Schnee und werde beinahe selbst ein Schneeball“, lacht sie. „Aber sie sind so stark und schnell - ich habe das ganz oft versucht, aber ich bin einfach nicht so schnell wie sie und ich möchte einmal ganz frei mit ihnen rennen, frei wie der Wind, schnell wie der Wind und fast, als würde ich mit ihnen den Berg herunterfliegen!“ Dabei springt sie aufgeregt vor dir auf und ab. „Kommst du mit?! Ich habe das noch nie gemacht und wenn du mitkommst, muss ich es nicht ganz alleine ausprobieren! Das ist ja das allererste Mal!“

Mit den Wölfen den Berg hinabflitzen? Gemeinsam mit diesem wilden Waldmädchen? Diese Chance magst du dir nicht entgehen lassen, auch, wenn es ein wenig aufregend ist. Ihr Mut und ihre Begeisterung stecken dich total an und so nickst du.

„Oh toll! Ich freue mich! Dann schnalle ich mir auch schnell die neuen Schneebretter an und wir können gemeinsam dort drüben zu dem großen Baum gehen. Genau da kommen meine Wolfsfreunde immer vorbei und wir können uns bestimmt auch dort abstupsen, um Schwung zu haben“, schlägt Skadi vor. Sie stellt sich nun auch auf ihre Bretter und befestigt die Riemen um ihre Schuhe herum. Dann greift sie neben sich und schnappt noch vier Stöcke, mit denen ihr euch zwischendurch immer wieder abstoßen könnt.

Das Heulen der Wölfe kommt näher und da siehst du sie auch schon in der Ferne auftauchen. „Los, gehen wir zum großen Baum!“, sagt sie und gibt dir zwei der Stöcke.

Und so stapft ihr gemeinsam mit den Schneebrettern an den Baum, auf den Skadi zeigt. Die Wölfe kommen näher und du beobachtest ganz gebannt, wie kraftvoll, schön und irgendwie elegant sie sich durch diesen Schnee bewegen, durch den du vorhin nur mühsam stapfen konntest. Und Skadi hat Recht, sie sind unglaublich schnell dabei.

So langsam wird es auch für dich ganz spannend und Skadi nickt dir begeistert zu, sodass ihre wilden Haare nur so fliegen. Die Wölfe sind nun ganz nah. „Gleich geht es los, mach dich bereit ________*(Name des Kindes)*! Achtung, uuuund jetzt!“

Und schon stoßt ihr euch gemeinsam vom Baum ab und fahrt auf euren Schneebrettern durch den Schnee den Berg hinab. Die Wölfe sind direkt neben euch und scheinen sich zu freuen. Du kannst sehen, dass sie Skadi tatsächlich gut kennen und während ihres Bergablaufens fröhlich um sie herumspringen.

Du spürst den Wind um deinen Kopf herum und auch im Gesicht, du siehst das Glitzern des Schnees nun noch deutlicher und je schneller ihr werdet, um so wundervoller macht die Sonne mit ihren Strahlen regenbogenfarbenes Glitzern daraus, weil das Licht immer schneller wechselt. Und ... spürst du auch etwas in deinem Bauch? Kribbeln? Es ist wirklich ein bisschen wie fliegen, oder? Genau, wie Skadi es gesagt hat. Immer schneller geht es den Berg hinab und neben den Wölfen her. Du schaust zu Skadi herüber und siehst ihre glühenden Wangen und ihre leuchtenden Augen - so viel Fröhlichkeit, sie hat echt Spaß! Das steckt dich richtig an.

Du genießt diese Abfahrt sehr und das Geschenk, mit einem Rudel Wölfe und einem so spannenden Mädchen rennen oder eher fliegen zu können.

Dann erkennst du langsam an der Landschaft, dass ihr gleich unten angekommen seid, denn du kannst dich an ein paar ganz besondere Steine und knorrige Wurzeln von vorhin erinnern.

Die Wölfe werden langsamer und ihr ebenso. Doch wie bremst man eigentlich?!

Und schwupps, da purzelt ihr irgendwie beide übereinander und landet im weichen Zuckerwatteschnee. Alle müssen lachen. Die Wölfe kommen fröhlich näher heran, umkreisen euch, stupsen Skadi an und schlecken ihr übers Gesicht. Scheinbar freuen sich sich ebenfalls riesig.

„Es hat geklappt, du hast es wirklich geschafft!“, rufen sie begeistert aus. Dann schnuppern sie einer nach dem anderen auch an dir, stupsen dich vorsichtig an oder reiben sich mit ihrem Fell an dir. Scheinbar stellen sie sich so vor. Es kitzelt ein bisschen und ihr Fell fühlt sich ganz weich an.

Da ihr nun überall Schnee an euch habt, schnallt ihr beide Skadis gebaute Schneebretter ab, steht beide auf und schüttelt euch kräftig durch, um den Schnee am Körper loszuwerden.

„Das war ganz wunderschön, das sollten wir bald wieder machen!“, sagt einer der Wölfe und reibt sich an Skadis Beinen. Sie grinst dich an und sagt: „Kommst du irgendwann

nochmal wieder? Dann wäre es schön, wenn du wieder mit mir den Berg runterrast! Ich muss jetzt nämlich zurück und du bestimmt auch. Sehen wir uns?“

Du nickst ihr zu und schon schnappt sie sich ganz flink ihre beiden Schneebretter-Sets und stapft los. „Das war toll! Ich bin so froh, dass es gleich beim ersten Mal so gut geklappt hat! Danke, dass du dabei warst!“, ruft sie und winkt dir nochmal zu. Auch die Wölfe heulen zum Abschied ein kleines Lied für dich.

Du winkst ebenfalls und musst ein wenig grinsen, denn scheinbar hatte Skadi voher wirklich noch nie Skier gesehen. Wie großartig, dass sie sich welche selbst ausgedacht hat und sogar selbst bauen konnte. Ob ihr wohl jemand dabei geholfen hat?

Du schaust ihr hinterher, wie sie den Berg hinaufstapft und die Wölfe um sie herumspringen. Ein wildes Wolfsmädchen als Freundin zu haben, ist auch irgendwie ganz schön, oder?

Langsam verschwinden sie in der Ferne. Auch du drehst dich um und nimmst ein paar tiefe Atemzüge, wie am Anfang, um langsam wieder zurückzukommen an den Ort, wo dir diese Geschichte vorgelesen wird, zurück ins Hier und Jetzt. Gerne recke und strecke dich ein bisschen, öffne langsam deine Augen ... und sei wieder ganz hier!

Herzlich willkommen zurück!

Fröhlich sei dein Tag, voller wilder Abenteuer sei dein Leben!

Ein Pferd mit acht Beinen

Diese Reise zeigt den Kindern, wie wichtig **TOLERANZ** gegenüber Menschen und Wesen ist, die anders sind oder anders erscheinen. Sie **ÖFFNET DAS HERZ** und lässt Freundschaft auch mit denen zu, die von anderen nicht gemocht werden.

Es gibt so viele Menschen auf der Welt und so viele Tiere. Alle sind sie ganz einzigartig und ganz besonders. Ganz gleich, ob sie groß oder klein, dünn oder dick sind, ob sie Federn, Fell oder Haut wie du haben ... alle sind sie liebenswert!

Und wenn du magst, kannst du heute ein wirklich *sehr besonderes* Wesen treffen, das dich bestimmt überraschen wird ...

Mach es dir wieder richtig gemütlich, schließ deine Augen und entspann dich ... und dann atme dreimal tief durch, um dich auf eine spannende Reise vorzubereiten. Einfach ein und aus ... und achte dabei darauf, wie der Atem in dich hinein- und auch wieder herausfließt.

Lass dich nun mit deinen nächsten Atemzügen ganz in das Reich der Fantasie sinken. Lass Bilder vor deinem inneren Auge entstehen und beobachte dich selbst, wie du über eine riesige Wiese läufst. Von Horizont zu Horizont siehst du nur grüne Hügel und Gras, das sich im Wind bewegt wie Wellen auf dem Meer. Wunderschön sieht das aus.

Der Wind zerzaust dein Haar, und über dir ertönt der Ruf eines Adlers, der auf seinen großen Schwingen zwischen den Wolken dahinsegelt.

Du breitest deine Arme aus und läufst mit dem Wind um die Wette. Deine Füße tragen dich über die grünen Hügel und du fühlst dich einfach frei.

Genieß dieses Gefühl des Rennens und des Windes für ein paar Momente ...

Du läufst immer weiter, denn mit diesem Wind im Rücken und der schönen Landschaft um dich herum wirst du einfach nicht müde.

Du sprintest über einen weiteren Hügel ... und hast plötzlich einen Blick über eine Herde von Pferden, die dort grast. Es sind braune und schwarze Pferde dabei, ein paar graue, ein paar weiße und auch einige ganz bunt gefleckte. Und dann siehst du ein paar Pferde, die im Kreis um ein anderes herumstehen. Das Pferd in der Mitte ist grau, schimmert im Sonnenlicht ... aber irgendetwas ist auch komisch an ihm. Du kannst es aber nicht genau erkennen, daher gehst du mutig einfach näher.

Die Pferde haben alle gar keine Angst vor dir. Ganz gelassen grasen sie einfach weiter, während du durch die Herde gehst ... und dann bist du bei den Pferden angekommen, die hier im Kreis um das graue Pferd herumstehen.

Du hörst sie wiehern und lachen, und dann sagt eines: „Schaut euch den an! Mit den Beinen kann der bestimmt nicht richtig galoppieren!“ Und ein anderes Pferd meint: „Das sieht ja echt total hässlich aus ... Bäh!“

Wie gemein die sind. Du schiebst sie auseinander und gehst in den Kreis hinein. Und da erkennst du, was du oben vom Hügel nicht genau sehen konntest: Das graue Pferd hat nicht vier Beine wie die anderen, sondern acht!

Das ist zwar wirklich seltsam, aber haben nicht auch andere Tiere sechs Beine oder acht? Und hast du nicht nur zwei? Das ist doch kein Grund, so gemein zu jemandem zu sein!

Schützend stellst du dich vor das achtbeinige Pferd und tätschelst seinen Hals. Er ist weich wie Seide, und an einem seiner Hinterbeine siehst du das Bild eines verschlungenen dreieckigen Knotens in seinem Fell. Schnaubend drückt das Pferd dir seine Schnauze an die Schulter, während seine dunkelgraue Mähne im Wind flattert.

„Na, willst du dir auch mal den komischen Gaul angucken?“, fragt eines der anderen Pferde. Alles kichert.

Ganz entschieden schüttelst du den Kopf.

„Glaubst du nicht auch, dass der beim Rennen über seine eigenen Hufe stolpert?“, witzelt ein anderes.

Dann fragt ein schwarzer Hengst, der unruhig von einem Bein aufs andere tritt: „Was meinst, wer ist schneller ... Ich oder der Achtbeinige?“

Alle Pferde reden sofort durcheinander: „Natürlich du, Nachtfell ... Da kann Achtbein niemals mithalten ...!“

Aber du zeigst ganz entschlossen mit deinem Zeigefinger auf das achtbeinige Pferd, denn du glaubst ganz fest daran, dass er das schnellste Pferd überhaupt ist. Und selbst wenn nicht: Niemand sollte so behandelt werden.

Die anderen Pferde stutzen, und das achtbeinige Pferd beugt sich zu deinem Ohr und flüstert: „Danke, dass du an mich glaubst, ________*(Name des Kindes)*! Ich heiße Sleipnir[11] und ich werde dich so schnell tragen, wie es sonst kein Pferd in allen neun Welten kann. Versprochen!“ Dann schnaubt er wieder, sodass deine Haare wehen.

„Also ein Wettrennen!“, ruft Nachtfell siegessicher. „Von hier bis zur Klippe. Wer zuerst dort ankommt, ist das allerschnellste Pferd der Welt!“

Dann stampft er mit den Hufen auf und kann es kaum noch abwarten loszurennen.

---

[11] Sleipnir ist das achtbeinige Pferd Odins, das einst von Loki zur Welt gebracht wurde. Die ganze Geschichte dazu ist in der Edda oder Nacherzählungen der Edda zu finden und wird oft mit dem Titel „Der Mythos vom Baumeister“ bezeichnet.

Sleipnir stupst dich an, um dir zu zeigen, dass du auf seinen Rücken klettern sollst. Vertrauensvoll tust du das und hältst dich an seiner Mähne fest.

„Acht Stolperbeine und dann auch noch ein Kind tragen ... du hast wirklich keine Ahnung von Wettrennen!", lacht Nachtfell und sprintet los. Große Grasbüschel und Erde fliegen euch um die Ohren, Sleipnir schnaubt erneut und läuft dann auch gemächlich los.

Oje, Nachtfell hat schon einen riesigen Vorsprung, und wenn Sleipnir so weiterläuft, wird das mit dem Sieg sicher nichts.

„Sitzt du gut?", fragt Sleipnir dich nun. „Wenn du dich an das Reiten auf mir gewöhnt hast, gib mir einfach ein Zeichen, dann kann ich richtig loslaufen ..."

Du sitzt unglaublich bequem und sicher, fast wie in einem Sessel oder dem besten Sattel, den es gibt. Sleipnirs Rücken ist wie für dich gemacht. Also klopfst du ihm kurz an den Hals, um zu zeigen, dass alles okay ist ... und dann ... wird Sleipnir schneller ... und schneller ... und immer schneller ...

Seine acht Beine trommeln auf die Erde und ihr rast nur so dahin.

Und zosch ... zieht ihr an Nachtfell vorüber, als wäre der stehen geblieben. Du schaust zurück und kannst gerade noch seinen erstaunten Blick sehen, bevor er hinter einem grünen Hügel verschwindet.

Dann hörst du auch schon die Wellen des Meeres, die an eine Klippe branden. Weit kann es nicht mehr sein ... und Sleipnir hat das Rennen mit Leichtigkeit gewonnen.

„Jetzt kommt das Beste!“, ruft er dir zu. Er galoppiert weiter auf die Klippe zu, springt dann ab ... und landet auf dem Wasser. Als wäre das ganz normal, läuft er einfach weiter, trommelt mit seinen Hufen auf die Wellen und läuft über das Meer! Das ist wirklich unglaublich![12]

Die Wellen rasen unter euch vorbei, und ab und an kannst du mal eine Robbe sehen, die ihren runden Kopf aus dem Wasser hebt und erstaunt dem achtbeinigen Pferd mit dem Kind auf seinem Rücken hinterherschaut.

Dann siehst du ein Wikingerboot mit dem typischen geschnitzten Drachenkopf und dem rot-weißen Segel ... Ihr rennt vorbei und die Menschen an Bord berühren ehrfürchtig die kleinen Silber- und Bronzehämmer[13], die sie um den Hals tragen.

Sleipnir rennt immer weiter, dann beschreibt er eine langgezogene Kurve, wendet sich wieder der Küste zu, rennt über eine ganz hohe Welle, ruft „Jetzt kommt das Alleraller-

[12] In den Mythen heißt es tatsächlich, dass Sleipnir auf dem Land, auf dem Wasser und in der Luft laufen könne.

[13] Diese kleinen Anhänger sind Nachbildungen von Mjölnir, dem Hammer Thors, die sich als Zeichen der Zugehörigkeit zur nordischen Glaubenswelt großer Beliebtheit erfreuten (und sich immer noch erfreuen).

beste!“ ... und hebt einfach in die Luft ab. Er galoppiert in der Luft, rennt auf Wolken und läuft einfach immer weiter.

Wow, als du dich entschieden hattest, mit ihm zu reiten, hättest du dir nicht träumen lassen, dass du auch auf dem Wasser und der Luft galoppieren würdest ...

Aber wie wunderbar das ist, die Welt von oben zu sehen. Ist das da vorn noch ein Schiff? Und das da ... eine Seeschlange? Ein Wikingerdorf an der Küste? Schau einfach mal, was du von hier oben entdecken kannst ...

Langsam steuert Sleipnir wieder auf die große Graslandschaft zu, auf der euer Rennen begonnen hat. Die anderen Pferde schauen alle mit offenen Mäulern zum Himmel herauf, wo ihr jetzt angerannt kommt, durch ein paar weiße Wölkchen stoßt und dann ganz entspannt zur Landung ansetzt.

Und schon donnern Sleipnirs Hufe wieder auf festem Boden. Dann kommt er zum Stillstand. Als wäre nichts geschehen, steht er nun da, während Nachtfell, der mittlerweile kleinlaut zur Herde zurückgelaufen ist, immer noch außer Atem scheint.

Geschickt gleitest du von Sleipnirs Rücken und spürst wieder die Erde unter deinen Füßen.

Ganz betreten schauen die anderen Pferde zu Boden. Ihnen ist wohl bewusst, dass sie vorhin dumme und gemeine Sachen gesagt haben. Auch Nachtfell trottet ziemlich erschöpft zu euch herüber.

Sleipnir könnte jetzt auch gemein werden und Nachtfell verspotten – schließlich hat der das Rennen verloren ...

Aber stattdessen sagt er einfach gar nichts, sondern legt dir nur seine weiche Schnauze in deine Hand. Und Nachtfell? Der steht auf deiner anderen Seite und legt dir dort die Schnauze in die Hand.

Keiner sagt etwas, aber vielleicht kannst du ja für beide sprechen ... und kannst etwas über Fairness und Freundschaft sagen. Du findest bestimmt die richtigen Worte oder Gesten, um zwischen den beiden Pferden zu vermitteln, oder?!

Lass dir ruhig Zeit und schau, wie beide reagieren ...

Nun lösen beide Pferde wieder ihre Schnauzen aus deinen Händen. Sleipnir scheint zu lächeln, und auch Nachtfell sieht jetzt viel freundlicher aus.

„Danke!“, sagt Sleipnir nun zu dir. „Wann immer du Lust auf einen wirklich aufregenden Ausflug hast, kannst du mich hier zwischen den grünen Hügeln besuchen. Dann können wir übers Land, durch die Luft und über das Wasser reiten ... wohin du willst!“

Er stupst dich noch einmal mit seinen weichen Nüstern an, du tätschelst ihm den Hals, und dann wendet er sich ab und trottet mit seinen acht Beinen langsam zum Rest der Herde hinüber, zu der sich auch Nachtfell gesellt.

Über dir ruft wieder der Adler, wie um dir zu sagen, dass es jetzt Zeit wird, nach Hause zurückzukehren. Also gehst du ganz entspannt los, schaust noch einmal dem Gras zu, das sich wie Wellen im Wind bewegt, genießt die Weite der

Landschaft und des blauen Himmels ... und kommst dann Schritt für Schritt wieder hier an, wo dir diese Reise vorgelesen wurde.

Nimm nochmal drei tiefe Atemzüge, reck und streck dich, wenn du magst ... und dann öffne langsam wieder deine Augen, fühl dich willkommen zurück!

Schön, dass du hier bist! Schön, dass du an einen Außenseiter wie Sleipnir geglaubt und ihn unterstützt hast! Das bedeutet ihm viel ... und ihr seid nun sicher Freunde fürs Leben!

Fröhlich sei dein Tag, voller Mut für das Richtige sei jeder Moment!

Fehu, die allerbeste Kuh des Dorfes

Diese Reise eignet sich sowohl als Einschlafgeschichte als auch für Momente, in denen **SENSIBLEN KINDERN** alles zu viel wird. Die Begegnung mit Fehu **BERUHIGT UND ENTSPANNT** – und das Kind lernt, dass es die eigenen Gefühle und die eigene Wahrnehmung ernst nehmen darf.

Wie wäre es, wenn wir heute mal eine wirklich weise Meisterin besuchen würden? Eine Meisterin, von der man richtig viel lernen und die einem ganz viel über das Leben erzählen kann ... und die dazu auch noch unglaublich niedlich ist. Klingt nicht schlecht, oder?!

Wenn du magst, dann setz oder leg dich einfach bequem hin, schließ deine Augen und bereite dich wieder mit drei tiefen Atemzügen auf deine Reise vor. Ein ... und aus. Genau so. Super machst du das.

Und wenn du jetzt ein bisschen zur Ruhe gekommen bist und dich richtig wohlfühlst, dann atme jetzt einfach ganz normal weiter und lass dich mit jedem Atemzug mehr und mehr in die Welt deiner Fantasie sinken. Sieh dich selbst, wie du am Rand eines kleinen Wikingerdorfes stehst. Wunderschöne Holzhäuser mit Schnitzereien an den Balken und Tierfiguren auf den Giebeln, und manche haben sogar einen Streifen Gras auf dem Dach, was ganz toll aussieht. Die Menschen laufen geschäftig umher, kümmern sich um ihre Tiere, pflegen ihre Werkzeuge, flicken ihre Kleidung oder bessern ihre Fischernetze aus. Manche schleppen Stoffballen, andere rollen Fässer in ihre Häuser, jemand kocht, jemand backt, und andere sind mit Hacken und Spaten unterwegs, um auf den Feldern rings ums Dorf etwas zu erledigen.

Nur ein alter Mann sitzt auf einer Holzbank vor einem der kleinen Häuser und hält sein Gesicht in die Sonne. Als er dich sieht, lächelt er freundlich und winkt dich heran. Du machst ein paar Schritte über den Dorfplatz, musst einem dicken Mann mit einer hölzernen Schubkarre ausweichen und setzt dich dann ebenfalls auf die Bank, neben der noch ein Melkschemel und ein Eimer stehen.

Jetzt erst siehst du, dass der alte Mann einen kleinen Hasen auf dem Schoß hat, den er liebevoll hinter seinen langen Ohren krault. Ganz entspannt sitzt der Hase dort, die Augen halb zu, die Pfoten ganz locker, nur das Näschen schnuppert ab und an in die Luft.

„Das ist Henk", sagt der alte Mann, „und ich bin Ole. Wer du bist, weiß ich schon, ________ *(Name des Kindes)*! Der Wind und die Götter haben mir erzählt, dass du viel auf Reisen bist und überall etwas lernst. Und dass du auch immer wieder Tieren und anderen Wesen hilfst ... Da freue ich mich wirklich, dich endlich kennenzulernen!"

Er blinzelt in die Sonne und schaut dann wieder dem Treiben im Dorf zu. Gerade schleppt jemand Holzbalken zu einem Haus, während ein anderer Mann beginnt, seltsame Buchstaben auf einem großen grauen Stein einzuritzen.

Der alte Mann neben dir krault weiter den Hasen und seufzt: „Alle haben etwas zu tun, alle sind beschäftigt.

Immer muss dies erledigt werden und das getan werden." Dann schaut er dich an. „Ist das dort, wo du herkommst, auch so?", fragt er dich.

Du überlegst kurz ... und dann nickst du. Die meisten Menschen, die du kennst, machen immer irgendetwas.

„Hm ...", macht der alte Mann, „das habe ich mir schon gedacht. Ist wohl überall so. Keiner hat mehr Zeit, einfach mal nichts zu tun. Nur meine Freundin Fehu ... die kann das richtig gut! Magst du sie vielleicht mal kennenlernen?"

Wenn diese Freundin so nett ist wie der alte Mann, würdest du das gern. Und so steht der alte Mann auf, setzt Henk auf die Erde und geht in Richtung Dorfrand. „Komm mit", ruft er dir zu, und Henk - der genau weiß, wohin es gehen soll, flitzt schon mal los.

Langsam gehst du neben dem alten Mann her, und gemeinsam beobachtet ihr Henk, der vorausläuft und von dem man nur immer wieder den Puschelpopo und die langen Ohren zwischen den Grashalmen erkennen kann.

„Henk freut sich immer, wenn wir Fehu besuchen", sagt Ole. „Die beiden verstehen sich richtig gut. Und ich bin sicher, du wirst Fehu auch mögen. Sie ist wirklich ganz besonders ... du wirst schon sehen ..." Er lächelt geheimnisvoll und du bist schon sehr gespannt.

Ihr geht noch ein Stück weiter aus dem Dorf hinaus auf eine große Wiese, und dort siehst du auch schon Fehu[14]:

Eine große Kuh mit rotem zotteligen Fell, das im Wind weht, und mit geschwungenen Hörnern, die ganz gemütlich Gras von der Wiese zupft und schmatzend kaut.

„Hey, Fehu!", ruft Ole. „Das hier ist ________(Name des Kindes). Wir wollten mal bei dir vorbeischauen und hören, wie es dir geht ..."

Fehu kaut weiter, schluckt ihr Grasbüschel herunter und pustet sich dann die roten Haare aus der Stirn. Ihre warmen braunen Augen schauen dich aufmerksam an. Sie legt den großen Kopf etwas schief, als würde sie nachdenken ... und dann spricht sie plötzlich mit einer tiefen Stimme ganz langsam zu dir:

„Muh und muh,
ich genieß die Ruh.
Nur die Erde, der Himmel, ein bisschen Wind und ich,
vielleicht wär so ein Tag auch was für dich ..."

Ole lacht, und auch du musst über die reimende Kuh schmunzeln, die jetzt wieder den Kopf senkt und weiter Gras mampft. Henk schnuppert an Fehus großer Nase, aber sie lässt sich gar nicht stören, schnaubt aber einmal, sodass Henks Haare durch den Windstoß zu Berge stehen. Das sieht so lustig aus, dass ihr alle lachen müsst.

---

[14] Fehu ist der Name der ersten Rune aus dem sogenannten Älteren Futhark, ganz vereinfacht heruntergebrochen sozusagen dem Wikinger-„Alphabet". Diese Rune steht sowohl für den Laut F als auch für das Vieh und die Fülle.

„Und?“, fragt Ole. „Was hast du heute noch vor, Fehu? Planst du irgendwas? Willst du noch irgendwohin? Musst du noch was erledigen?“

Die große rote Kuh dreht ihren gewaltigen Kopf zu euch, kaut … wartet … kaut … wartet … und als du schon denkst, dass sie gar nicht mehr antworten wird, sagt sie doch noch etwas:

„Muh und muh,
ich schau einfach zu.
Das Gras, das wächst ganz von allein,
da muss ich gar nicht fleißig sein.“

Ole kichert. „Siehst du“, meint er zu dir, „deshalb mag ich Fehu so gern. Sie steht einfach hier auf der Wiese und ist glücklich. Sie muss nirgendwohin, ist nie in Eile, sondern kann den Augenblick und jeden einzelnen Grashalm genießen.“

Fehu schaut dich an und scheint zu nicken.

„Muh und muh,
ich bin froh als Kuh.
Alles rennt, doch ich bleib stehen,
lass den Wind mir um die Nase wehen.
Die Welt, die dreht sich rund und rund,
doch manchmal ist mir das zu laut, zu bunt.
Ich schließ die Augen auf meiner Wiese,
atme ein und aus die frische Brise.“

Du spürst richtig, wie Fehus Worte und ihre Gegenwart dich ganz ruhig machen und dich entspannen. Auch das langsame Geräusch ihres Kauens klingt so schön. Die Sonne scheint, ein leichter Wind weht, das Gras bewegt sich … und Henk der Hase ist offenbar schon eingeschlafen. Ole atmet neben dir tief ein und aus. Er schließt die Augen, ein Lächeln ist auf seinem Gesicht zu sehen … und vielleicht kannst du dich ja auch ein paar Momente einfach hier auf der Wiese entspannen, Fehu beim Kauen zuhören, den Wind spüren und einfach ein- und ausatmen …

Ole öffnet wieder seine Augen, und auch Henk wird wieder wach. Ganz liebevoll legt Ole seine Hand auf deine Schulter. „Ich komme so gerne hierher“, sagt er. „Bei Fehu zu sein, tut einfach gut, oder?! Gerade, wenn einem manchmal alles etwas zu viel wird, ist es toll, bei jemandem zu sein, der ganz entspannt ist …“

Da hat Ole wirklich recht. Fehu ist eine wahre Meisterin der Entspannung.

Langsam steht ihr jetzt auf und Fehu macht ein paar Schritte auf dich zu, kommt dir ganz nah. Dann legt sie ihre zottelige Stirn an deine und gibt dir zum Abschied noch einen guten Rat mit auf den Weg:

„Muh und muh,
du bist ein Mensch und ich ’ne Kuh.
Sei einfach da, das mach ich auch,
vertraue dir und deinem Bauch!“

Dann löst sie ihre Stirn wieder von deiner … und wenn du magst, kannst du ihr auch gern noch etwas in eins ihrer großen roten Ohren flüstern …

Nun schlendert ihr langsam zurück (bis auf Henk, der rennt wieder vor), während Fehu sich wieder ganz in Ruhe ihrer grünen Lieblingsspeise widmet.

Ole ist genauso still wie du, denn jetzt gibt es nichts mehr zu sagen. Ihr könnt einfach nur gehen, einen Fuß vor den anderen setzen, ein- und ausatmen, die Erde unter euch spüren und den Himmel über euch betrachten …

Mehr braucht es manchmal nicht.

Ihr kommt wieder im Dorf an, Ole drückt kurz deine Hand und lächelt dir zu, dann setzt er sich auf seine Bank, auf die dann auch Henk springt, um sich hinter den Ohren kraulen zu lassen. Du schlenderst weiter, winkst den beiden nochmal zu … läufst durch das Dorf, verlässt es … und kommst ganz langsam und entspannt wieder hier an, wo dir jemand, der dich sehr lieb hat, etwas vorliest.

Atme wieder dreimal tief ein und aus, recke und strecke dich, wenn du magst …

Fühl dich willkommen in diesem Augenblick und fühl dich entspannt wie Fehu, die allerbeste Kuh des Dorfes, die du immer wieder besuchen kannst, wenn du aufgeregt bist oder dich nicht wohlfühlst. Mit ihr zusammen auf der Wiese zu sein, wird dir immer guttun!

Fröhlich sei dein Tag, ganz entspannt sei jeder Moment!

Viele Boote in Birka

Diese Reise zeigt dem Kind die große **VIELFALT** einer alten Handelsortschaft, die vielen unterschiedlichen Wesen und ihre Freundschaften sowie den Wert **ECHTER KOMMUNIKATION**.

Wie wäre es heute mit einer aufregenden Zeitreise? Durch die Jahrhunderte hindurch zurück in die Wikingerzeit und zu einem ganz besonderen Ort und zu ganz besonderen neuen Freunden …

Wenn du magst, dann setz oder leg dich richtig gemütlich hin, schließ sanft deine Augen und bereite dich wieder mit drei tiefen Atemzügen vor …

Ein und aus … ein und aus … ein und aus …

Kannst du spüren, wie dein Atem durch deine Nase, deine Brust und deinen Bauch fließt? Achte gern ein paar Momente darauf …

Lass dich nun mit deinen nächsten Atemzügen ganz langsam in die Welt deiner Fantasie gleiten und stell dir vor, wie du am Rand einer großen Wikingersiedlung stehst. Das ist fast schon eine richtige Stadt, und du siehst viele kleinere Holzhäuser, deren Dächer mit Stroh, Reet oder Gras gedeckt sind, einige größere Häuser, geflochtene Weidenzäune, Marktstände und ein buntes Treiben vieler Menschen. Du hörst viele unterschiedliche Sprachen, aber richtig verstehen kannst du keine. Manches klingt bekannt und manchmal schnappst du ein Wort auf, das so klingt wie deine Sprache ... aber insgesamt ist es doch ein bisschen verwirrend.

„Soll ich dir helfen?“, hörst du da plötzlich eine Stimme fragen. Du schaust dich um, kannst aber keinen Menschen entdecken, der dich angesprochen hat. Doch da steht ein zotteliger brauner Hund mit einem leuchtend blauen Halsband und schaut dich erwartungsvoll an ... Hat er dich das gefragt?

„Ja, das war ich. Du bist doch nicht überrascht, dass du Tiere verstehen kannst, oder ________ *(Name des Kindes)*? Das kennst du doch schon!“

Der Hund scheint zu lachen. Und er hat natürlich recht: Du kennst das, aber es ist trotzdem immer wieder wie ein kleines Wunder, wenn man die Tiere so deutlich sprechen hören kann ...

„Komm mit, ich zeige dir unseren Ort“, sagt er nun. „Hier in Birka[15] gibt es so viel zu sehen, du wirst staunen ...“ Er trabt los und du holst ihn schnell ein. Seite an Seite lauft ihr durch den Ort.

Alle Menschen scheinen den Hund zu kennen und grüßen ihn freundlich. Auch dir sagen sie guten Tag – oder etwas Ähnliches, was du nicht genau verstehst.

Vor einem Haus, das ganz aus Lehm gebaut zu sein scheint, siehst du zwei Männer mit dicken Lederschürzen stehen. Der eine bedient einen großen Blasebalg und facht ein Feuer an, der andere hält mit einer Zange ein Stück Metall in die Glut, nimmt es dann ganz rot leuchtend heraus

---

[15] Birka war vom 8. bis zum 10. Jahrhundert ein wichtiger Handelsort, der in seiner Blütezeit zwischen 700 und 1000 Einwohner hatte.

und klopft es auf einem Amboss mit seinem Hammer in die Form, die er haben möchte.

Pling, pling, ding, plingpling macht es, und das Stück Metall wird zu einem großen Armreif, der fast so aussieht wie ein gewundenes Hufeisen und den der Schmied nun in einen Eimer mit Wasser taucht. Das zischt und dampft, und dann legt er das Schmuckstück auf einen hölzernen Tisch.

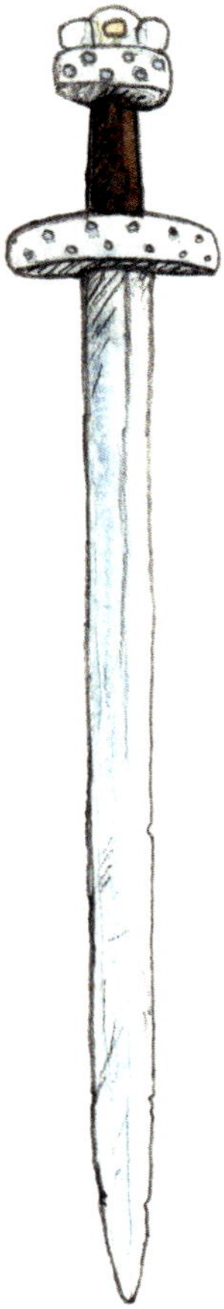

Dort liegen auch schon ein paar Schwerter und eine ganz wunderschön verzierte Axt ... Wow, wie toll, wenn man so etwas kann!

Der Schmied wuschelt dem Hund durchs Fell, und auch dir klopft er auf die Schulter und lächelt dich an. Manchmal muss man Menschen gar nicht verstehen, um zu merken, dass sie freundlich sind.

Der Hund läuft weiter und du folgst ihm - vorbei an Marktständen mit Gemüse und Fisch, mit Schmuck und Stoffen, mit Wolle und mit Lederstiefeln ... So viel gibt es hier zu sehen! Und es geht immer weiter ...

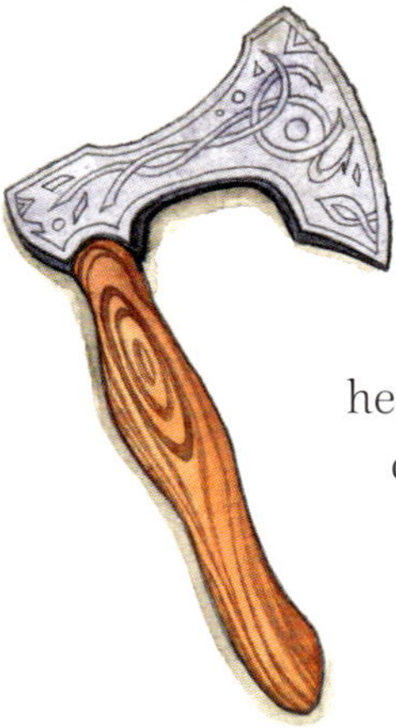

Auf der linken Seite siehst du nun den Hafen, in dem viele ganz unterschiedliche Boote liegen: Kleine und große, welche mit Segel und welche nur mit Rudern ... Ein paar sind beladen mit Truhen und Kisten, Menschen stehen überall herum und unterhalten sich ... Und dann entdeckst du auch ganz seltsame Boote ...

Drei ganz winzige Segelboote - kleiner als eine Badewanne - mit unglaublich schönen Schnitzereien und kunstvoll bemalten Segeln, beladen mit allerlei kleinen Säcken und Kisten. Fast wie Spielzeuge sehen die aus! Und direkt daneben liegt ein riesiges Ruderboot mit Rudern, die so lang sind wie vier Männer und so dick, dass du sie überhaupt nicht greifen könntest ... Auch in diesem Boot sind Kisten und Truhen gestapelt. Fragend schaust du dir das alles an, während der Hund neben dir steht, mit seinem Schwanz wedelt und grinst.

„Warte mal ab, bis du die Besitzer dieser Boote siehst ...", sagt er. „Komm mit!"

Wieder trabt er mit dir los und ihr schlängelt euch zwischen Händlern und Marktfrauen hindurch ... und kommt dann auf einen Platz, auf dem ganz viele lange Holzbänke und Tische stehen. Überall sitzen Menschen, essen, trinken, reden ... aber was ist das? Dahinten sitzt jemand, der mindestens dreimal so groß ist wie alle anderen. Wie ein Berg ragt er aus der Menschenmenge heraus. Langsam geht ihr näher, bis ihr direkt an dem Tisch des Riesen steht.

Der hält ein riesiges Trinkhorn in seiner Pranke und unterhält sich mit drei Zwergen, die im Schneidersitz auf seinem Tisch hocken und ebenfalls alle Trinkhörner in ihren Händen halten. Ganz kleine Trinkhörner natürlich.

„Jorik!", brüllt da der Riese, lacht laut und stupst mit seinem riesigen Zeigefinger den Hund an. „Jorik, wie schön dich zu sehen!"

Nun weißt du auch den Namen des Hundes, der dich nun seinerseits vorstellt. „Krunschnik", sagt er zum Riesen, „auch schön, dich und deine Freunde wiederzusehen! Das hier ist ________*(Name des Kindes)*, vielleicht habt ihr diesen Namen auch schon in euren Welten gehört ..."

Krunschnik der Riese beugt sich zu dir herab und lächelt dich an.

„________*(Name des Kindes)*? Natürlich haben wir schon von dir gehört. Wir wissen, dass du immer wieder Tieren und anderen Wesen hilfst, die in Not geraten sind. Und Freunde der Tiere sind auch unsere Freunde!"

Die drei Zwerge stellen sich als Bombo, Boing und Bogomir vor, drei Brüder, die sich gemeinsam mit Krunschnik auf Handelsreise befinden. Sie sind genauso nett wie Krunschnik, nur eben viel kleiner.

„Und? Worüber unterhaltet ihr euch?", fragt Jorik nun.

„Ach ...", sagt Krunschnik, „wir überlegen gerade, was ich meiner Frau von dieser Handelsreise mitbringen kann. Ich bin ja immer wochenlang weg und möchte dann gern ein Geschenk mitbringen, aber bisher habe ich noch nichts gefunden. Alles, was es hier gibt, ist viel zu klein für sie ..."

Da fällt dir der Armreif ein, bei dem ihr eben gerade zuschauen konntet, wie er entstand. Als du davon erzählst, sagt Krunschnik: „Aber auch der wird viel zu klein für meine Frau sein ...!"

Jorik lächelt. „Ich glaube, was ________*(Name des Kindes)* vorschlägt, ist, den Armreif einfach als Ring zu nehmen. Das dürfte doch passen, oder?!"

„Oh", macht Krunschnik, „daran habe ich ja noch gar nicht gedacht. Aber natürlich ... Was für einen Menschen ein Armreif ist, das ist für uns Riesen ein Fingerring."

„Genau!“, sagt Bombo. „Und was für euch Riesen eine Socke ist, das ist für uns Zwerge ein Schlafsack ...“

Alle lachen, und dann klettern die drei Zwerge auf Krunschniks linke Schulter, während er dich vorsichtig hochhebt und auf seine rechte Schulter setzt. Auch Jorik schnappt er sich und steckt ihn ganz behutsam in seine Jackentasche. „Keine Sorge“, ruft der Hund dir zu, „in dieser Jackentasche bin ich schon öfter gereist. Von hier bis nach Riesenheim und zurück. Und ich habe mich immer sehr wohl gefühlt.“

„Ja“, lacht Krunschnik, „vor allem, weil in meiner Jackentasche immer Leckereien für dich sind ...“

Nun stapft der Riese los und du zeigst ihm die Richtung zur Schmiede. Von hier oben sieht der ganze Markt noch viel beeindruckender aus. So viele unterschiedliche Menschen, die so unterschiedliche Sachen verkaufen, so viele verschiedene Sprachen sprechen und aus so vielen Gegenden der neun Welten stammen. Du siehst Menschen mit schräg stehenden Augen, die Fellwesten und Fellmützen anhaben, große krumme Schwerter auf ihrem Rücken tragen und Schnitzereien verkaufen: kleine Tiere aus Holz und Stein, Figuren zum Spielen, dazu auch verzierte Dosen, in die man winzige Schätze legen kann ... und sogar eine kleine Buddha-Statue kannst du erkennen.

Direkt daneben ist ein Stand, an dem kostbare Wollstoffe verkauft werden. Ein rothaariger Wikingerkrieger unterhält sich dort gerade mit einem christlichen Mönch in einer dunklen Robe. Beide lachen sich über irgendetwas kaputt und hauen sich gegenseitig auf die Schulter.

Ein Stück weiter siehst du einen Stand mit Gewürzen. Ein dunkelhäutiger Mann verkauft dort Pfeffer, Salz und

Paprika ... Auch Curry kannst du entdecken und sogar riechen. „Hmmmm ...“, macht Jorik, der das natürlich noch viel besser als du erschnuppern kann.

Dann kommt ihr an der Schmiede an und Krunschnik setzt dich vorsichtig ab. Zum Glück ist der gedrehte Armreif noch nicht verkauft worden und du zeigst ihn Krunschnik. „Ui ...“, macht er und hält den Armreif zwischen Zeigefinger und Daumen fest, um ihn genauer anzusehen. „Sehr, sehr schön!“

Dann zeigt er ihnen Bombo, Boing und Bogomir, die immer noch auf seiner Schulter sitzen. „Wunderbar ... potzblitz ... bei Sindris Schmiede ... boah ... rumpelpumpelrübenschön ...!“, rufen die drei durcheinander.

„Ja, ich glaube, der wird meiner Frau gefallen!“, sagt Krunschnik nun zu dir. „Toll, dass du diese Idee hattest, ________*(Name des Kindes)*.“

Er unterhält sich kurz mit einem der Schmiede, dann bezahlt er den Armreif und steckt ihn in die Jackentasche, aus der jetzt gerade Jorik herausspringt.

Langsam geht Krunschnik in die Hocke und schaut dich an. „Zum Dank für deine Hilfe möchte ich dir etwas geben ...“

Er greift in seine andere Jackentasche und holt mit seinen Fingerspitzen einen kleinen golden schimmernden Bernstein hervor. „Der ist für dich“, sagt er und legt dir den

Stein in deine Handfläche. „Das ist aber kein normaler Bernstein, sondern ein Stein der Vielfalt. Pass auf ..."

Ganz vorsichtig pustet der Riese nun über den Stein auf deiner Hand, der sofort noch mehr zu leuchten beginnt und dann ganz warm in deine Hand hineinschmilzt. Du spürst die Wärme in deinem Arm, deiner Schulter, deiner Brust ... und vor allem in deinem Herz.

Krunschnik nickt zufrieden. „Genau da soll er wirken", sagt er geheimnisvoll.

„Das ist ja wirklich Magie", meint der Schmied ehrfürchtig.

Aber Moment mal ... Du konntest ja verstehen, was er gesagt hat! Etwas verwirrt schaust du dich um, und jetzt verstehst du auch die Witze, die sich der Wikingerkrieger und der Mönch erzählen, du verstehst die Frau, die ihren frischen Hering anbietet und auch die Kinder, die an euch vorbeirennen, um zu einem Marktstand zu kommen, an dem warmes Gebäck angeboten wird.

Egal in welcher Sprache jemand redet ... du verstehst, was gesagt wird.

„Ja", sagt der Riese, „es ist aber noch viel mehr. Schau dir die Leute mal alle genau an ..."

Und da entdeckst du es. Bei jedem Menschen siehst du ein goldenes Leuchten in der Herzgegend. Bei manchen ist es klein, bei anderen größer, bei einigen ist es ein bisschen dunkler und bei anderen umso heller.

Bei Krunschnik, den drei Zwergen und deinem vierbeinigen Freund Jorik ist das Licht ganz hell und strahlt wie eine kleine Sonne.

„Jetzt kannst du alle verstehen", erklärt dir der Riese. „Aber nicht nur, was sie sagen, sondern auch, wie sie sich fühlen. Ob sie etwas bedrückt oder ob sie glücklich sind. Ob sie freundlich und fröhlich sind, oder ob sie gerade Angst haben. Das alles kannst du an dem Leuchten erkennen und daher immer besonders freundlich zu denen sein, deren Leuchten gerade etwas verdunkelt ist. Du wirst sehen, ein paar nette Worte und schon wird das Licht heller."

Krunschnik lächelt dich an. Und die Zwerge strahlen um die Wette.

„Jetzt haben wir alles, was wir brauchen!", ruft Boing, und du merkst, dass es Zeit ist, sich zu verabschieden. Krunschnik winkt dir mit seiner riesigen Pranke, und auch die Zwerge winken von der Schulter des Riesen.

Dann steht Krunschnik auf und schlendert in Richtung Hafen, ruft dir aber noch über die Schulter zu: „Am nächsten Markttag sehen wir uns hoffentlich wieder ..."

Und ob du wiederkommen wirst. Wenn du das nächste Mal hier bist, kannst du dich schließlich mit allen unterhalten, fragen, woher sie kommen, was sie auf ihrer Reise erlebt haben und so weiter. Das wird bestimmt toll!

Jetzt knuddelst du nochmal Jorik, der dir zum Abschied noch etwas ins Ohr flüstert. Hör gut zu ...

Dann schielt Jorik auch schon nach dem Stand mit dem warmen Gebäck ... während du dich umdrehst und langsam an der Schmiede vorbeigehst, die vielen Menschen, die vielen schönen Holzhäuser hinter dir lässt ... und mit jedem Schritt wieder mehr hier ankommst, wo dir gerade diese Reise vorgelesen wurde.

Nimm nochmal drei tiefe Atemzüge, spür noch mal in das Bernsteinleuchten deines Herzens hinein ... und dann öffne langsam wieder deine Augen und fühl dich willkommen zurück in deiner Welt!

Fröhlich sei dein Tag! Fröhlich und voller Verständnis sei dein Leben!

Raben raunen Rätsel

Die in der Reise erlebbare „Wortkünstlerei" regt die **SCHÖPFERISCHE FREIHEIT** und Freigeistigkeit des Kindes an, ohne dabei Leistungen bringen zu müssen, sondern einfach auch völligen Quatsch erzählen zu können. Die Weisheit der Raben, ihre Fähigkeit, erfinderisch zu werden, und den Witz bzw. Schalk im Nacken dieser schlauen Tiere kennenzulernen und in sich selbst zu entdecken, kann das **SELBSTBEWUSSTSEIN STÄRKEN** und auch einfach die Kreativität spielerisch anregen.

Mach es dir bequem. Sitze oder liege ganz entspannt und schließe sanft deine Augen. Atme einmal ganz tief ein ... und wieder aus. Spüre in deine Füße hinein und strecke sie gern noch einmal aus – mache das Gleiche mit deinen Händen: hineinspüren und die Finger weit auseinanderstrecken, vielleicht auch nochmal eine kleine Faust machen und dann lockerlassen. Atme noch einmal tief ein und aus und spüre deinem Bauch nach, der sich hebt und wieder senkt ...

Und mit dem nächsten Einatmen tauchst du schon in eine wundervolle Bilderwelt ein.

Stell dir vor, du stehst auf einem grünen Hügel. Die Landschaft um dich herum besteht aus lauter mit Gras bewachsenen Hügeln, manche höher, manche niedriger. Der Wind weht eine sanfte Brise darüber und das Gras sieht aus wie ein grünes Meer. Ein Flüsslein glitzert wie ein silbernes Band im Sonnenschein, hier und dort ragen kleine Felsen aus dem Grün – und in einiger Entfernung siehst du einen Wald. Irgendetwas zieht dich magisch an und so gehst du auf den Wald zu.

Je näher du kommst, desto mehr kannst du entdecken. So viele wunderschöne Bäume, die alle ganz besonders aussehen ... Manche sind dünn und hochgewachsen, andere klein und knorrig, wieder andere haben auf der Rinde kleine Knubbel und andere wachsen mittig auseinander, als wären es zwei Bäume in einem. Du betrittst den Wald und gehst einige Schritte zwischen den Bäumen umher. Es raschelt, zwitschert und knistert überall. Eine grüne und lebendige Heimat so vieler Tiere ...

Sieh dich gern einfach mal um: was kannst du alles entdecken, während du hier durch den Wald gehst?

„Krah, krah krah", hörst du über dir einen krächzenden Schrei und siehst auch einen kleinen Schatten auf dem Weg. „Krick krack, Krick krack, krickedikrack!", ruft eine zweite krächzende Stimme und noch ein Schatten ist zu sehen. Du schaust herauf und siehst über dir zwei Raben kreisen. Einer ist schwarz und der andere ganz weiß. Sie kommen immer näher zu dir herunter und landen dann auf einem alten knorrigen Baum direkt neben dir.

Sie halten beide den Kopf schief und sehen dich an.

„Rattatattatong, rattatattatong - früh am Morgen macht's Dingdong. Eckig und still oder ratternd und rund, was gibt die Zeit dir kund?!", krächzt der weiße Rabe und flattert ein wenig näher zu dir heran. Beide schauen dich so an, als müsstest du nun diese Rätselfrage beantworten, damit sie weiter mit dir sprechen ... oder irgendwo hingehen ... es wirkt auf dich irgendwie wie ein Test ... doch worum geht es hier?! Du überlegst, was wohl am Morgen dingdong macht ...? Und da taucht vor deinen Augen ein Wecker auf. Ja klar, stimmt!

Die beiden Raben hüpfen begeistert auf und ab und scheinen sich zu freuen. Ob sie wohl Gedanken lesen können?

„Wenn es weiß vom Himmel flockt, wird er in Kugeln aufgestockt. Kalt und weiß und stumm, steht er einfach so herum. Fängt die Sonne an zu scheinen, muss er immer ganz doll weinen, fließt dahin, fließt dahin, trallalalalim", sagt nun der andere Rabe und wieder schauen dich beide mit schiefem Kopf an. Weiße Flocken, die zu Kugeln wer-

den, die man aufeinanderlege und die in der Sonne dahinfließen ... es klingt irgendwie nach einem Schneemann ...

„Krah, Krah, jaaaaa!“, hüpfen sie begeistert vor dir auf und ab. „Du wirst uns bestimmt helfen können, du bist so schlau! Juhu! Schön, dass du da bist! Wir sind Kvit und Rafna[16]. Magst du uns helfen?“, fragen sie dich hoffnungsvoll. „Wir haben ein großes Problem!“

Beide sehen so lustig aus, weil sie so aufgeregt herumhüpfen und den Kopf dabei wild bewegen, dass du lachend nickst.

„Super, dann komm mal mit“, sagt Kvit, der weiße Rabe. Und beide hüpfen flatternd vor dir her. Es geht nur ein kleines bisschen mehr in den Wald hinein zu einer Lichtung, auf der am Boden einige Beeren an winzigen Sträuchern wachsen und alles irgendwie bunt und fruchtig aussieht. Und dort in der Mitte steht ein alter fast abgestorbener Baum, der doch wirklich die Form eines Rabenkopfes hat, mit Schnabel und sogar einem Loch, wo ein Auge wäre ... An der Seite wachsen noch ein paar grüne Zweiglein neu heraus und so sieht es so wie ein paar abstehende Federn am Rabenhals aus. Es ist ein ganz schöner Ort hier.

Rafna hüpft zu dir heran und flüstert krächzend: „Das ist unser Heiliger Rabenhain. Hier versammeln wir uns, wenn wir als Gruppe losfliegen wollen, und hier treffen wir uns auch, wenn wir Probleme haben und nichts zu essen finden oder einfach Geburtstag feiern und fröhlich sind. Es ist unser liebster Ort. Doch nun sind wir ganz ratlos. Wir haben viele Walnüsse gesammelt und alle für unser Fest

---

[16] Kvit bedeutet weiß, Rafna (bzw. Hrafna) heißt einfach Rabe. Odin, der von den zwei Raben Hugin und Munin begleitet wird, nennt man auch oft Hrafnagud, was Rabengott meint.

hier direkt vor den Rabenbaum gelegt ... und nun sind alle einfach weg! Doch eben waren sie noch da! Wir verstehen das einfach nicht. Kannst du uns suchen helfen? Sie müssen noch hier sein und sie können ja nicht weglaufen!“

Da hat er natürlich recht und du spürst, dass beide Raben ganz verzweifelt sind. Also gehst du näher an den Rabenbaum heran und schaust dich um. Im Augen-Loch vielleicht? Oder sind sie über die Wurzeln heruntergekullert und zwischen den Beerensträuchlein versteckt? Du gehst rund um den Baum herum und suchst.

Da trittst du plötzlich auf eine Stelle direkt am Fuße des Rabenbaumes und dein Fuß sinkt kurz knackend ein – huch. Hier scheint es ganz morsch zu sein. Das Moos rutscht etwas zur Seite und da siehst du durch den Riss hindurch eine kleine Erdhöhle, die komplett mit Walnüssen angefüllt ist. Irgendwie müssen sie dort hineingefallen sein wie Münzen in ein Sparschwein. Du winkst die beiden Raben heran und zeigst es ihnen.

„Wir freuen uns so sehr! Danke, dass du unsere Nüsse wiedergefunden hast! Wenn wir hier gelandet sind, hat gar nichts geknackt oder sich wegbewegt, vielleicht, weil wir kleine Vögel sind und du ein großes Menschenkind und viel schwerer. Doch ... unsere Schnäbel reichen nicht bis dort hinunter. Wir können nur die obersten herausholen“, krächzt Kvit traurig.

Du schaust dir diesen Riss im morschen Baumstumpf nochmal an und ... - ja, genau, deine Hand passt ganz leicht hindurch und so kannst du eine nach der anderen Nuss herausholen und sie auf den Waldboden legen.

Die Raben beobachten dich fasziniert und rufen ganz begeistert: „Du bist so toll, krahrah, krahrah, du rettest unser Fest, krahrah, krahrah, wie schön wäre die Welt, raunst du uns noch einen Rätsel-Test!“ Du hast ja schon gemerkt, dass die Raben gern reimen und auch komisches Zeug reden. Hauptsache, es klingt gut und rätselhaft. Wenn sie sich über so etwas freuen, denk mal nach, fällt dir ein Rätselspruch ein - oder einfach nur Quatsch, über den sie sich lustig den Kopf zerbrechen werden? Du kannst sie auch etwas fragen, was du schon immer wissen wolltest ...

Was immer dir einfällt, kannst du ihnen sagen, so wie sie dir am Anfang Fragen gestellt haben. Dann ist es auch nicht so langweilig, während du weiter eine nach der anderen Nuss herausholst.

Hast du ein Rätsel für die Raben?

Ganz sicher konntest du mit deinen Worten die Raben zum Lachen bringen und nun fühlst du mit deiner Hand im Baumstumpf, dass keine Nüsse mehr darin sind. Alle liegen auf dem Waldboden und die Raben hüpfen fröhlich herum und reimen vor sich hin.

Sie reimen und reimen und krächzen und krächzen und dann zupfen sie jeder dem anderen eine Feder aus. Kvit hüpft mit einer schwarzen Feder von Rafna im Schnabel auf dich zu und Rafna mit einer weißen Feder von Kvit. Dann fliegen sie vor dir auf und umkreisen deinen Kopf. Sie beginnen dabei jetzt richtig zu leuchten. Ein silbernes Licht geht von den beiden Federn aus. Es scheint heller und heller – und dann lassen sie sie plötzlich aus der Luft auf dich herabschweben.

„Kein Lug und Trug, du bist so klug, krickkrack, krickkrack, kein Verlieren und Weinen, für dich soll immer Sonne scheinen, du findest immer, was du suchst, und bist jetzt Teil des Raben-Flugs! Nach Regen kommt Segen!", krächzen sie beide zugleich wie aus einem Schnabel. Während dein Kopf noch überlegt, ob dieser Text überhaupt Sinn ergibt, segeln die beiden Federn auf deinen Kopf herab, berühren deine Haare, deine Kopfhaut und schmilzen leuchtend und wohlig warm in deinen Kopf hinein! Du bist ganz erfüllt von diesem Licht, und du hast das Gefühl, dass du in diesem Moment alle Rätsel dieser Welt für dich lösen und verstehen oder zumindest herzhaft über sie lachen könntest. Alles ist absolut klar in dir. Wie ein wolkenloser Himmel in der hellen Sommersonne.

„Zum Dank für deine Hilfe schenken wir dir die Weisheit der Raben und ihre unbeschwerte Gewitztheit", sagt Rafna. „Wir werden immer miteinander befreundet sein! Du kannst uns fühlen, und du kannst uns stets um Rat fragen, wenn dir mal ein Rätsel oder eine Aufgabe im Leben zu schwer ist. Dann lassen wir dir ein Rabenfeder-Licht aufgehen!", sagt Kvit.

„Du kannst uns in deinen Träumen, deiner Fantasie und deinen Spielen besuchen. Du kannst uns malen und zeichnen oder deine Frage mit aufschreiben – darüber freuen wir uns sehr. Du kannst in den Wald gehen und den Bäumen lauschen. Der Wind in ihren Blättern lässt sie sprechen, und sie erzählen dir vielleicht Geschichten über uns. So bleiben wir in Verbindung und so können wir dir vielleicht eines Tages auch helfen. Denn du hast heute unser Fest gerettet!"

Sie fliegen um dich herum und landen dann jeder auf einer deiner Schultern und reiben links und rechts ihren Kopf an dir. Das fühlt sich lustig an. Ob sich Raben so bedanken?

Auch du kannst dich jetzt bei ihnen dafür bedanken, dass sie dir vertraut und dich so beschenkt haben, und dich von ihnen verabschieden. Vielleicht reibst du auch mal den Kopf an ihren Federn oder legst deinen Kopf schief. Oder du sprichst einfach kurz mit ihnen. Mach das, was sich für dich richtig anfühlt ...

Nun ist es an der Zeit, wieder zurück nach Hause zu kehren. So gehst du den Weg zurück, den du gekommen bist, und drehst dich nach einigen Schritten noch einmal um, weil es plötzlich flattert und windiger ist als zuvor. Du siehst ganz viele Raben zwischen den Bäumen durch den Wald zum Rabenbaum heranfliegen und alle landen und hüfen begeistert um die Nüsse herum. Sie alle scheinen sich zu freuen und so freust auch du dich, dass du ihnen helfen konntest, ihre Rabenparty mit leckeren Nüssen zu feiern. Du gehst immer weiter aus dem Wald hinaus, zurück über die grünen Hügel und vorbei an dem glitzernden Bächlein, bis du wieder am Ausgangspunkt deiner Reise angekommen bist. Dann atmest du dreimal tief durch und öffnest langsam wieder deine Augen.

Vielleicht hast du jetzt auch ein lustiges Rätsel für die Menschen, die hier auf dich warten?

Gesegnet sei dein Leben. Gesegnet sei dein kluger Kopf und weiser Witz!

Der Tümpel des Wassergeistes

Hier können **ZURÜCKHALTENDE KINDER** (oder auch solche, die vielleicht in der Schule oder dem Kindergarten gehänselt wurden) eine kleine Verbündete treffen, die ihnen davon erzählt, wie alle Wesen auf dieser Welt miteinander verwandt sind, wie **EINZIGARTIG UND SCHÖN** sie alle sind und dass niemand besser oder schlechter als jemand anderer ist.

Mache es dir bequem, schließe deine Augen und atme ganz gemütlich und in Ruhe ein und wieder aus. Versuch mal nachzuspüren, wie dein Bauch sich mit deinem Atem hebt und senkt. Auf und ab – das funktioniert ganz von allein, ohne dass du etwas dafür tun musst. Wie Wellen, die einfach so an den Strand plätschern. Du kannst dich völlig entspannen, brauchst an nichts zu denken, und kannst dich einfach freudig und wach von meiner Stimme auf eine Reise führen lassen.

Tauche nun einfach mit den nächsten Atemzügen langsam in die magische Welt deiner Fantasie ein. Spüre diese Freude in dir, neue Welten zu entdecken, und lass bunte Bilder in dir entstehen und lebendig werden.

Stell dir vor, du bist draußen in der Natur in einer wunderschönen Landschaft – ganz wild gewachsene Bäume, Büsche mit bunten Blüten, um die herum einige Insekten summen und brummen, eine saftige Wiese, auf der du stehst und die an einen kleinen Wald grenzt. Hier und dort liegen bemooste Steine und auch die ein oder andere Weinbergschnecke kriecht umher. Was kannst du sonst noch entdecken? Was kannst du sehen oder hören? Sieh dich um und lausche …

Ein zarter warmer Wind weht und du kannst ihn ganz leicht im Gesicht spüren. Da fliegt ein Blütenblatt direkt vor deine Füße. Und ein weiteres segelt durch die Luft und landet ein kleines bisschen weiter vor dir. Schon fliegt ein drittes heran und landet ebenfalls ein wenig weiter vorne. Nun verstehst du, es ist wie eine Spur, die der Wind mit Blütenblättern für dich auslegt.

Bestimmt ist das kein Zufall, denn nun kommt schon das vierte Blütenblatt und reiht sich ein. Also setzt du langsam einen Fuß vor den anderen und gehst dieser Spur nach. Das ist schon ein bisschen spannend und du fragst dich, wer oder was dich wohl am Ende dieser Spur erwartet. Während du den Blütenblättern und deren Spur weiter folgst, kommst du an einem glitzernden Bach vorbei, an Gruppen von kleinen gelben Pilzen, die wie winzige Trompeten aussehen, an alten knorrigen Bäumen, die wie lusti-

ge Baumgestalten aussehen, an mit kleinen Blumen bewachsenen Baumstümpfen, in denen Mäuse zu wohnen scheinen ... oder war das da eben ein Zwerg, der davongehuscht ist? Während du weitergehst, führt dich die Spur der Blütenblätter in den kleinen Wald hinein, durch den das Sonnenlicht scheint und in Tautropfen glitzert, die sich an einem kleinen Spinnennetz gesammelt haben. Überall am Boden siehst du große Farne und viele leuchtend grüne Pflanzen mit sternförmigen weißen Blüten. Es sieht aus wie eine große grüne Decke mit weißen Sternen darauf. Ein ganz und gar wunderschöner Wald, fast wie aus einem Märchen.

Du schaust dir alles ganz genau an und atmest die würzige Waldluft ein, die sich ganz frisch anfühlt. Es ist so schön hier, dass es dir leicht fällt, all den Blütenblättern zu folgen und dich inzwischen richtig darauf zu freuen, was du wohl erleben wirst. Immer wieder fliegt so ein Blütenblatt heran und weist dir den Weg durch den Wald.

Du kommst nun etwas näher auf eine der Baumgruppen zu und siehst, dass sich in deren Mitte ein glänzender Teich befindet.

Da hörst du eine ganz leise Stimme, die ein Lied singt ... aber dabei irgendwie ganz traurig klingt.

„... und das macht mein Herz so schwer, wär' ich doch nur im weiten Meer ..."

Da hört das Lied ganz plötzlich und abrupt auf und am Rand dieses Wassertümpels taucht ganz schnell etwas unter. Du konntest gerade noch sehen, dass ein kleiner Kopf und eine bunt glänzende Flosse verschwunden sind.

Da gehst du ein wenig näher an den Tümpel heran und schaust ins Wasser. Doch da ist erst einmal nur dein Spiegelbild, das dir entgegenblickt.

Etwas weiter rechts von dir ist ganz hohes Schilfgras und dir scheint es so, als würde dich von dort jemand beobachten. Vielleicht ist dieser jemand schüchtern?

Du kannst dich ja mal vorstellen, deinen Namen sagen und ein freundliches Hallo. Dann zeigt es sich ja vielleicht. Magst du es mal versuchen?

Und da raschelt es auch schon im hohen Schilf, die großen grünen Halme biegen sich auseinander und ein kleiner Kopf mit lustigen lockigen grünen Haaren und allerlei winzig kleinen Schneckenmuscheln darin taucht auf. Dann schwimmt das seltsame Wesen vorsichtig auf dich zu.

Direkt vor dir spricht plötzlich ein leises, schüchternes und lieb klingendes Stimmchen.

„Hallo, ________ *(Name des Kindes)*! Ich bin Wally. Du hast mich singen gehört und deshalb kannst du mich überhaupt sehen! Denn nur wer uns Wassergeister hören kann, dem zeigen wir uns auch. Es ist mir ein bisschen peinlich … mich hat noch nie ein Mensch singen gehört."

Das kannst du wirklich gut verstehen! Wenn man einfach so vor sich hin singt und denkt, dass niemand zuhört, dann hat man plötzlich Angst, ausgelacht zu werden, wenn doch jemand da ist. Also kannst du das kleine Wassergeistmädchen einfach mal lieb anlächeln, damit sie sich nicht so komisch fühlt, oder? Das hilft bestimmt.

„Darf ich näher kommen? Du hast keine Angst vor mir … oder …?"

Geh gern mal vorsichtig in die Hocke und schüttele mit dem Kopf, damit Wally weiß, dass du keine Angst hast und sie auch keine vor dir haben muss.

„Du hast gehört, was ich gesungen habe, oder?", fragt sie dich ganz vorsichtig. „Dann weißt du auch, dass ich viel lieber am Meer wäre und in den Wellen schwimmen würde, als hier zu sein. Warst du schon mal am Meer? Hast du das Meer schon mal gesehen? Kannst du mir davon erzählen? Bitte, bitte!", überrollt sie dich aufgeregt mit ihren Fragen.

Du überlegst, wann du etwas besonders Schönes am Meer erlebt hast oder im Fernsehen drüber gesehen hast – eine wirklich schöne Meeresgeschichte, die du Wally berichten könntest. Du siehst es richtig vor dir, das Meer, seine Wellen, deine ganz persönlichen Erinnerungen oder Erlebnisse …

Da atmet Wally neben dir ganz tief durch und seufzt: „Hach ja … ist das schön! Ich kann alles genau vor mir sehen, woran du denkst! Wie glücklich du sein musst, so etwas Schönes zu kennen! Ich träume immer nur vom

Meer, aber war leider noch nie da und hab es noch nie gesehen, auch nicht in einem großen Kasten, wie ihr sie in euren Häusern habt. Ich beneide dich!"

Da kommt dir eine Idee. Wenn Wally deine Gedanken und Erinnerungen sehen kann, all die Bilder in deinem Kopf ... magst du ihr nicht einmal all die schönen Bilder von deinem Weg hierher zeigen? Die weißen Sternblumen im leuchtenden Grün zwischen den Bäumen und Farnen, die lustigen winzig kleinen Trompetenpilze, die bemoosten Steine und knorrigen Bäume und alles andere, das du eben gesehen hast ...

„Ooooohhhh ...", hörst du Wally neben dir seufzen. Es scheint zu funktionieren! Also schaust du dich hier direkt am Teich noch einmal ganz genau um. Da ist das riesig hohe Schilf, in dem sich Wally zuerst versteckt hatte, und etwas davon entfernt siehst du Seerosen auf dem Tümpel im Wasser hin und her wippen. Eine große Eiche steht direkt am Ufer und um sie herum wächst leuchtend dunkelgrünes Efeu - oh ... und dazwischen flitzt ein rotes Eichhörnchen umher und keckert lustig vor sich hin. Ein anderer, schon recht alter Baum steht in der Nähe und ein rot-weiß-schwarzer Specht kommt angeflogen und landet außen am Stamm vor seinem Nestloch. Da schauen nun drei oder vier winzig kleine laut schreiende Köpfchen heraus und die kleinen Spechtbabys werden gefüttert.

Ein kleines Stück davon entfernt wächst eine stattliche alte Weide, die ihre langen zarten, nach unten hängenden Äste wie Haare ins Wasser hängen lässt und sanft hin und her wiegt.

Offenbar hat dort ganz nahe der Weide unter einem größeren bemoosten Stein auch ein Fuchs seinen Bau und lebt dort mit seiner Familie, denn plötzlich kommen zwei rote Füchse mit dunklen Beinen und einige kleine graubraune Füchslein hervorgekrabbelt und spielen miteinander. Etwas unbeholfene Purzelbäume und lustige leise Fauch-Geräusche machen sie. Sie scheinen keine Angst vor dir zu haben und genießen die Sonnenstrahlen. Ob sie wohl kämpfen üben? Und da siehst du nun auch einen türkisblauen schillernd glänzenden Vogel mit riesigem Schnabel ins Wasser tauchen! Der ist ja schön!

„Das ist ein Eisvogel", sagt Wally leise zu dir. „Die gibt es nicht so oft, nur an Tümpeln, Seen, Teichen und Flüssen ..., haben sie mir gesagt. Und ... alles das, was ich eben durch deine Augen sehen durfte ... meine Freunde, die Füchse, die Eichhörnchen und die Mäuse zwischen den Waldblumen, die Spechte und auch die Trompetenpilze ... gibt es das alles denn gar nicht am Meer?!?", fragt dich das kleine Wassergeistmädchen.

Du warst natürlich noch nicht an jedem Meer der Welt, aber all die Waldtiere hast du dort bisher nicht gesehen. Eher Muscheln, ganz viel Sand, Krebse und Möwen und ...

Während du überlegst, bemerkst du, dass Wallys Augen sich verändert haben und gar nicht mehr traurig aussehen.

„Ich bin so froh, dass du heute hierhergekommen bist, liebe/r ________ *(Name des Kindes)*!!! Danke, danke, danke!", ruft Wally ganz begeistert aus. „Darf ich dich mal drücken?! Du hast mir so sehr geholfen! Durch deine Augen weiß ich jetzt, wie viel Glück ich habe, an diesem schönen Tümpel zu leben und dass ich am Meer ganz viele andere schöne Sachen finden würde, aber meine Freunde gar nicht mehr sehen könnte, weil die ja hier leben … und jetzt gefällt es mir so viel besser hier! Ich bin ganz, ganz glücklich! Danke!“ Und mit diesen Worten umarmt Wally Wassergeist dich mit einer … äh … etwas kühlen und glitschig nassen, aber ganz und gar herzlichen Umarmung.

Du spürst, dass sie nun gar nicht mehr traurig ist, und freust dich mit ihr, dass sie ihren Tümpel nun viel lieber mag als vorher. Ihre grünen Schneckenmuschellocken wippen um ihren Kopf herum, während sie fröhlich lacht.

„Es hat mir so gut getan, dich zu treffen! Ich weiß jetzt, dass ich hier am genau richtigen Ort zuhause bin. Vielleicht kommst du wieder mal zu mir, ja? Dann kann ich durch deine Augen all das Tolle sehen, was du so in der Welt erlebst! Vielleicht kann ich dir beibringen, wie das geht. Dann kannst du etwas von mir und meinen Gedanken sehen! Das wäre schön. Da unten im Tümpel ruft meine Mama und ich muss jetzt zurück. Danke, dass du hier warst!“, sagt Wally und du verabschiedest dich auch von ihr.

Wally strahlt dich fröhlich an, winkt noch einmal wild, taucht dann unter und schwimmt mit einigen schnellen Bewegungen in die Tiefe hinab.

Du schaust ihr durch das Wasser hinterher, siehst noch ein paar Blubberblasen … und dann ist das Wasser des Tümpels wieder ganz ruhig.

Dann schaust du dir noch einmal all die Waldbewohner an, die hier so friedlich zusammenwohnen und es sich gut gehen lassen.

Wie schön, dass Wally nun wieder weiß, dass das ein ganz toller Wald ist, in dem sie wohnt, und sich hier wieder wohlfühlt.

Du weißt, dass es nun auch für dich an der Zeit ist, wieder zurückzukehren, und drehst dich um. Dann nimmst du den gleichen Weg zurück, den du hergekommen bist, denn du erinnerst dich genau, wo du entlanggegangen bist.

Die vielen schönen Blütenblätter liegen ja auch noch als Spur da.

Du genießt die Schritte hier zwischen den Bäumen, an den lustigen Minitrompetenpilzen vorbei und auf die leuchtend grüne saftige Wiese und freust dich weiterhin für Wassergeist Wally.

Vielleicht magst du ja gleich davon erzählen, was du erlebt hast ...

Atme nun dreimal ganz tief durch ... und öffne langsam wieder deine Augen.

Komm wieder ganz in deinem Körper hier in diesem Zimmer an, bewege deine Füße und Hände, recke und strecke dich.

Schön, dass du da bist!

Gesegnet sei dein Leben!

Gesegnet sei dein eigenes Zuhause und der Ort, an dem du lebst und Freunde hast!

Die Seherin Solveig

Die Reise nährt und stärkt die **ABENTEUERLUST** der Kinder, mutig durch Nebel und Wald zu gehen und **KEINE ANGST** davor zu haben. Zudem bleibt das sogenannte „magische innere Kind" unversehrt, wenn der **ZAUBER IM ALLTAG** erhalten wird. Dies Reise kann zum fröhlichen Alltagszauber beitragen.

Lass uns heute mit ganz altem Zahlenzauber starten. Du weißt ja sicher, dass man besonders wichtige Zaubersprüche dreimal wiederholt. Die Drei war immer schon eine magische Zahl und deswegen zaubern wir uns doch heute mit den drei tiefen Atemzügen in eine andere Welt, okay? Also los ...

Mach es dir wie immer ganz bequem, schließe sanft deine Augen und mach dich bereit für eine neue Reise. Nimm nun drei ganz lange und tiefe Atemzüge *(gern beim Vorlesen mitmachen)* ... ein ... und aus ... ein ... und aus ... Und ein magisches drittes Mal ein .... und ...

... da stehst du plötzlich auf einer riesigen Wiese in einer ganz bunten Landschaft. Ein scheinbar endloses Grün mit weichem, saftigem Gras; ein paar niedrige Bäume und Büsche, die vom Wind gebeugt und irgendwie lustig zerzaust werden; Beeren in unterschiedlichen Farben, viele verschiedene Blumen und auch bunte Pilze, bemooste Felsbrocken, die hier und dort herumliegen ... und darüber ein dunkelblauer

Himmel. Wenn man hier ganz tief einatmet und schnuppert, dann riecht es noch nach Regen, der vor kurzem erst heruntergeprasselt sein muss.

Es ist so schön hier, dass du alles entdecken magst, und so gehst du ohne Ziel los.

Schau dich um und lausche dieser Welt. Beobachte, wie kleine Tiere in ihre Bauten, Nester und Höhlen huschen, sieh vielleicht den Vögeln nach, die im Blau des Himmels segeln und sich freuen, dass es nicht mehr regnet.

Was kannst du alles entdecken? Was kannst du spüren?

Schritt für Schritt gehst du weiter. Da siehst du ein paar dunkle Tannen, in denen sich ganz dichter weißer Nebel gesammelt hat. Wie schwere weiße Schleier hängt er dort in den Bäumen und auch dazwischen. Die Sonnenstrahlen, die auf ihn fallen, lassen ihn ganz geheimnisvoll aussehen. Das lockt dich irgendwie an und so gehst du darauf zu. In der Nähe der nebligen Tannen, deren wunderbaren Duft du nun auch wahrnehmen kannst, siehst du einen großen Felsbrocken ... und dann, als du um den Felsbrocken herumgehst, siehst du ein ganz besonderes Tier, das hier auf dich gewartet hat.

Eine Eule. Da sitzt sie und schaut dich an ... ohne jede Angst, ohne jede Scheu, als hätte sie hier auf dich gewartet.

Langsam gehst du näher, und die Eule läuft, oder besser gesagt hüpft, ein Stück weiter, wartet dann wieder auf dich. Offenbar will sie, dass du ihr folgst ... und voller Vertrauen gehst du weiter, in den nebligen Tannenwald hinein. Hier kann man kaum etwas sehen, so dicht hängt der Nebel hier. „Ich kann so gut im Dunklen sehen, ich sehe für uns beide genug! Komm, ich zeige dir etwas!“, ruft dir die Eule zu.

Du spürst deine Füße den Waldboden berühren, du spürst den Nebel in deinem Gesicht, der irgendwie frisch ist und doch nicht wie Wasser ... und gehst weiter in den Wald hinein ... die Bäume wirken nun wie Schatten und als dir kurz etwas seltsam im Bauch wird, kommt die Eule angeflogen und dreht vor dir einen Kreis. Du hast sie gar nicht kommen hören und auch jetzt direkt vor dir hörst du gar keinen Flügelschlag. Es sieht aus, als zwinkert sie dir zu, und als sie lautlos noch einen Kreis zieht, weißt du, dass es nun in diese Richtung geht ...

Und dort, hinter den nächsten Tannen steht eine kleine Hütte, deren Fenster erleuchtet sind und aus deren Schornstein ein dünnes Rauchfähnchen aufsteigt.

Dein tierischer Begleiter flattert darauf zu, landet schließlich auf den steinernen Stufen der Hütte und blickt augenzwinkernd zur Tür.

Du willst anklopfen ... doch da öffnet sich die Tür auch schon, gibt den Blick frei auf ein gemütliches Inneres mit einem Tisch und Stühlen, mit allerlei Dingen an den Wänden und auf Regalen und einer Feuerstelle am Rande, über der ein riesiger Kessel hängt.

Und dort steht eine freundlich dreinblickende Frau mit den gütigsten Augen, die du jemals gesehen hast, direkt vor dem

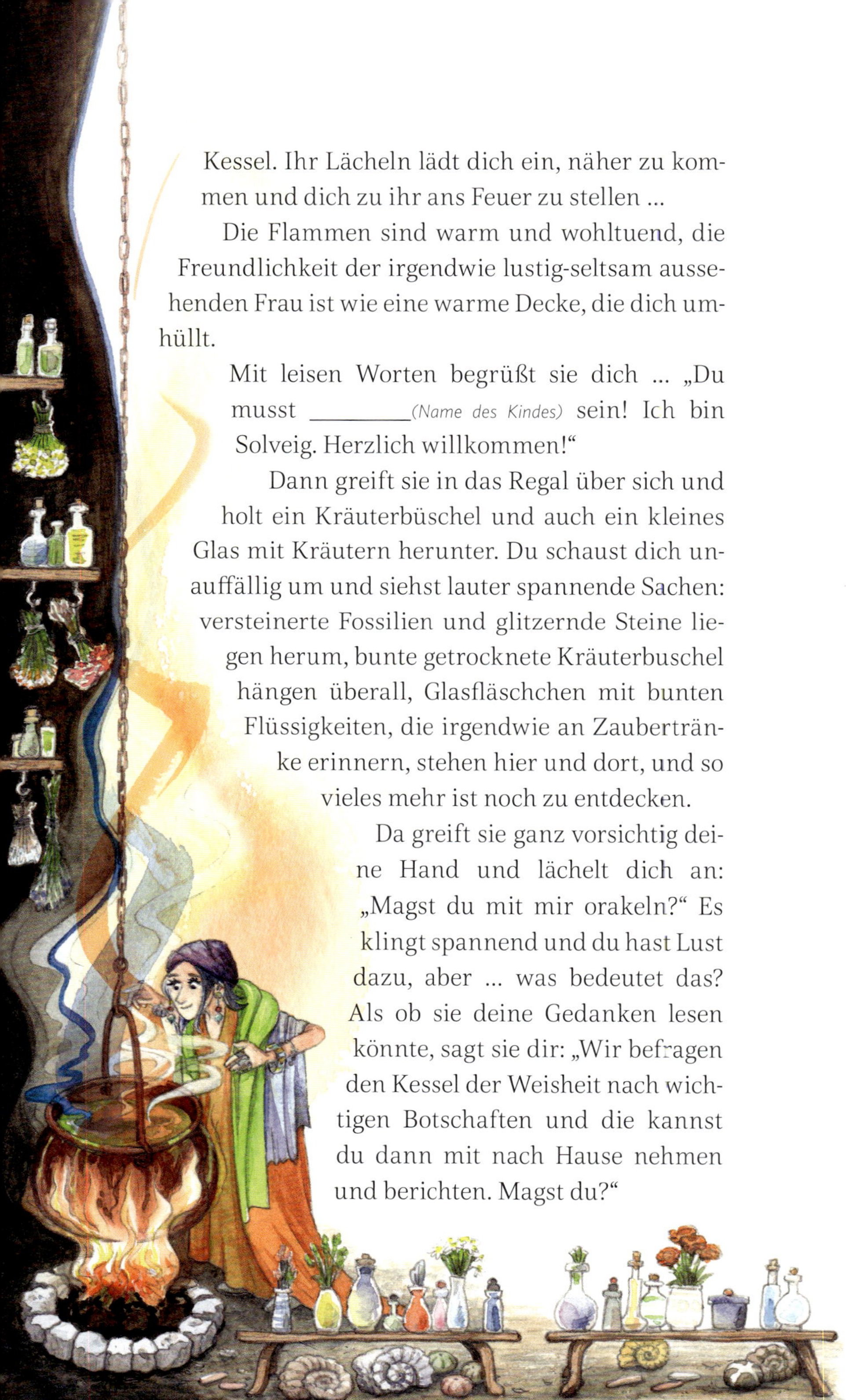

Kessel. Ihr Lächeln lädt dich ein, näher zu kommen und dich zu ihr ans Feuer zu stellen …

Die Flammen sind warm und wohltuend, die Freundlichkeit der irgendwie lustig-seltsam aussehenden Frau ist wie eine warme Decke, die dich umhüllt.

Mit leisen Worten begrüßt sie dich … „Du musst ________ *(Name des Kindes)* sein! Ich bin Solveig. Herzlich willkommen!"

Dann greift sie in das Regal über sich und holt ein Kräuterbüschel und auch ein kleines Glas mit Kräutern herunter. Du schaust dich unauffällig um und siehst lauter spannende Sachen: versteinerte Fossilien und glitzernde Steine liegen herum, bunte getrocknete Kräuterbuschel hängen überall, Glasfläschchen mit bunten Flüssigkeiten, die irgendwie an Zaubertränke erinnern, stehen hier und dort, und so vieles mehr ist noch zu entdecken.

Da greift sie ganz vorsichtig deine Hand und lächelt dich an: „Magst du mit mir orakeln?" Es klingt spannend und du hast Lust dazu, aber … was bedeutet das? Als ob sie deine Gedanken lesen könnte, sagt sie dir: „Wir befragen den Kessel der Weisheit nach wichtigen Botschaften und die kannst du dann mit nach Hause nehmen und berichten. Magst du?"

Da murmelt sie ganz leise, flüsternd und zischelnd eine Art Gedicht und beugt sich über den Kessel. Sie rührt kurz darin und grinst dann zufrieden. „Es ist so weit", sagt sie. Was sie wohl im Kessel gesehen hat?

„Weißt du, ich bin eine Seherin", antwortet sie dir wieder gedankenlesend, „und ich zeige dir nun etwas von meiner Seherinnenkunst."

Dann deutet die Seherin[17] auf den Kessel. „Wir werden als Erstes dem Feuer und dem Wasser etwas schenken", sagte sie und teilt ganz vorsichtig den Kräuterbüschel in zwei Hälften. Sie gibt dir den einen und sagt: „Ich werde meine Hälfte dem Feuer geben und es um Hilfe bitten und du gibst deine dem Wasser im Kessel, ja?", bittet sie dich. Du nickst und sie zwinkert dir zu: „Dann sieh genau hin ..."

Voller Spannung gibst du deine Hälfte in den Kessel, während Solveig ihre Kräuter dem Feuer übergibt. Du hörst es zischeln und brodeln und es steigt Rauch und Dampf auf. Dann siehst du plötzlich, wie der Rauch sich zu verändern beginnt und plötzlich das Gesicht eines Bären zeigt, ganz deutlich, bevor es wieder einfach Rauch wird. Und die Seherin flüstert dir zu: „Hast du meinen Freund gesehen ...?"

Mit einem Zwinkern nimmt sie das Kräutergläschen, öffnet es und flüstert und murmelt etwas hinein. Dann streut sie dir ein paar Krümel auf den Kopf. Sie kichert: „Das

---

[17] Seherinnen oder Völvas waren in den nordischen Kulturen hoch angesehene Frauen, die für ihren jeweiligen Stamm einen wichtigen Zugang zur Welt der Götter und Göttinnen bildeten.

muss so sein, damit die Pflanze dich kennt. Und jetzt kannst du deinen Freund im Dampf sehen. Dein Wesen, das immer auf dich aufpassen wird. Willst du es entdecken, wollen wir uns überraschen lassen?!“

Du bist nun ganz gespannt. Die Seherin erklärt dir, dass du nun einige Krümel in den Kessel geben und in den Rauch schauen wirst. Und genau das tust du. Wieder zischelt und brodelt es, Dampf und Rauch steigen auf und es bildet sich nach und nach eine Form, sie wird noch heller, deutlicher, klarer ... was kannst du im Rauch erkennen? Schau es dir genau an.

„Wenn du magst, kannst du fragen, ob das Wesen dir etwas sagen möchte“, flüstert die Seherin dir zu.

Und auch hier lässt du dich gern überraschen, fragst das Wesen im Rauch und wartest gespannt ...

Langsam löst sich der Rauch wieder auf und steigt an die Decke der Hütte. Du hast alles gesehen und gehört, was für dich jetzt gerade wichtig war.

Die Seherin neben dir lächelt. Ganz fröhlich sagt sie zu dir: „__________ *(Name des Kindes),* du bist etwas ganz Besonderes, und ich bin so froh, dass du uns hier besucht hast! Wenn du magst, kannst du jederzeit wiederkommen und die Flammen und den Rauch etwas fragen, das dir wichtig ist.“

Dann holt sie ein paar Kräuterkrümel aus dem Glas und drückt sie dir in die Hand. „Hier für dich, damit du dich an uns erinnerst."

Vielleicht möchtest du ihr auch noch etwas sagen. Dich bedanken oder etwas fragen. Nimm dir nun die Zeit dafür ...

Dann spürst du, dass es nun Zeit ist, dich zu verabschieden.

Ein letztes Lächeln, ein letzter Blick in diese freundlichen Augen ... und dann stehst du auf und verlässt die Hütte. Draußen auf den Stufen wartet noch die Eule auf dich, die nun ganz aufgeregt vor dir herumhüpft und immer wieder fragt: „Und, wie war es, wie war es?!?" Sie hat gewartet, um dich zurückzubringen, aber sie ist auch ein wenig neugierig, stimmts?!

Dann lauft und fliegt ihr gemeinsam durch den Tannenwald mit seinem schönen Nebel und kommt zurück zur bunten Wiese mit all den Büschen und Beeren. Dorthin, wo deine heutige Reise begonnen hat.

Deine Eule setzt dort zum Landeflug an und schaut dich noch einmal ganz neugierig an. Bedanke und verabschiede dich auch hier ...

Und sieh dann zu, wie das Tier in der Dunkelheit des Tannenwaldes und des dichten Nebels verschwindet.

Auch du drehst dich nun um, gehst noch ein paar Schritte und erinnerst dich, dass dich drei tiefe Atemzüge hergebracht haben, also bringen sie dich bestimmt auch wieder zurück.

Und so atmest du dreimal ganz tief durch *(hier wieder gern mit dem Kind mitatmen).*

So kommst du langsam wieder zurück an diesen Platz, auf dem du sitzt oder liegst, bewegst langsam deine Finger und Zehen, reckst und streckst dich, wenn du magst, und öffnest wieder deine Augen.

Willkommen zurück.

Zauberhaft sei dein Leben!

Voller Abenteuer sei dein Alltag!

Erik, der einsame Eisriese

In dieser Geschichte lernen die Kinder, dass sich jedes Wesen Freunde und **SPIELGEFÄHRTEN** wünscht, und dass niemand zu eigenartig ist, um gemeinsam mit ihm oder ihr **SPASS** zu haben.

Heute wartet eine ganz besondere Reise auf dich. Eine Reise an einen wirklich wilden Ort, an dem ein sehr eigentümliches und irgendwie auch recht seltsames Wesen lebt. Wenn du magst, lass dich einfach überraschen ... aber bereite erst einmal wieder deine Reise vor, indem du sanft deine Augen schließt und dann drei tiefe Atemzüge nimmst.

Ein und aus ... ein und aus ... ein und aus.

So wird dein Wikinger- oder Schildmaidengeist ganz ruhig, und dann kannst du direkt losreisen – hinein in ein neues Abenteuer!

Vertraue nun ganz deiner Fantasie und stell dir vor, wie du plötzlich in einer winterlichen Berglandschaft stehst. Schroffe Gipfel ragen vor dir auf, die Tannen sind schneebedeckt ... und du bist ziemlich froh, dass du richtig warm angezogen bist – mit dicken Stiefeln, einer festen Hose, einer dick gefütterten Jacke und einer ebensolchen Mütze. Da kann dir der Wind, der am Fuß der Felsen und auch an den Wurzeln der Bäume hohe Schneewehen auftürmt, gar nichts anhaben.

Du bist gemütlich eingemummelt und gehst jetzt einfach los, um dir die Landschaft anzusehen und vielleicht auch ein paar Tiere zu entdecken.

Deine Schritte knirschen im Schnee unter deinen Füßen und hier und dort siehst du auch ein paar Spuren: die schmalen Abdrücke der Rehe und die niedlichen Spuren der Hasen, bei denen man immer ihre kleinen Pfoten sieht und ab und an auch einen Abdruck von ihrem Puschelschwanz.

Und da siehst du auch schon einen dieser Schneehasen, der durch die weißen Flocken flitzt ... Selbst ganz weiß bis auf seine schwarzen Ohrspitzen und die schwarzen Äuglein, ist er so schnell, dass du kaum hinterhersehen kannst. Wie ein weißer Wirbelwind prescht er vorbei. Vielleicht kannst du ja auch noch andere Tiere sehen ... Schau dich einfach um.

Fröhlich läufst du nun weiter, einfach in die Richtung, aus der der Schneehase kam, siehst auch hier nochmal seine Spuren im Schnee, spürst die Kälte an deiner Nase ... und hörst plötzlich ein Lied.

Na ja, wenn man das Lied nennen kann ... Irgendjemand singt auf jeden Fall. Eine ganz tiefe Stimme und unglaublich langsam. Das ist mit Sicherheit das langsamste Lied, das du je gehört hast. Lausch mal ...

„Orkel ... Morkel ... Orkelmopf
Bin doch nur ein armer Tropf
Lauf ganz alleine durch den Schnee
Kein Freund, kein Spiel, oje, o weh!“

Immer wieder werden diese Zeilen wiederholt, und du hast das Gefühl, dass das Lied mit jeder Wiederholung immer langsamer und trauriger wird.

Neugierig läufst du ein Stück weiter, stapfst über eine Hügelkuppe ... und erblickst einen wirklich riesengroßen Riesen, der bestimmt dreimal so groß ist wie der größte Erwachsene, den du kennst! Er sieht aus, als wäre er aus Eis und Schnee gemacht, mit dicken, weißen Füßen, die große Abdrücke hinterlassen, einem Bart aus Eiszapfen und einem dicken Ast, den er als Gehstock benutzt. Langsam macht er einen Schritt nach dem anderen und singt dabei sein trauriges Lied.

Dann entdeckt er dich, blickt dich mit seinen freundlichen Augen an ... und lächelt ganz lieb!

„Oh", sagt er - und es klingt wie das längste Oh, das du jemals gehört hast.

„Oh, ein Menschenkind. Wie schön! Mein Name ist Erik. Erik der Eisriese[18]. Was machst du denn hier? Ist es nicht zu kalt für dich?"

Du sagst ihm auch deinen Namen und erklärst ihm, dass du auf Reisen bist - und ganz warm angezogen. Und dass du sein Lied gehört und dich gefragt hast, warum da jemand so traurig klingt. Er nickt mit seinem großen Eiszapfenbartschneekopf.

„Ich singe immer", sagt er nun mit seiner langsamen, traurigen Stimme. „Dann ist es nicht so langweilig, weißt du?! Und wenn mir nichts einfällt, was sich reimt, dann

---

[18] Riesen waren in der nordischen Mythologie eigentlich Sinnbilder für urtümliche, unberechenbare und nicht zu kontrollierende Naturgewalten, die das Leben in einer bäuerlichen Kultur bedrohten. Unser Eisriese Erik ist aber ein ganz netter Kerl ...

erfinde ich Worte, die es gar nicht gibt. Orkelmopf ist nämlich gar kein richtiges Wort, falls du das nicht wusstest. Das finde ich ... lustig!“

Dann seufzt er lang und dramatisch ... und du hast noch nie jemanden so unlustig über etwas reden gehört, was er angeblich lustig findet. Dieser Eisriese scheint wirklich sehr bedrückt zu sein. Was da bloß los ist?

Und da du freundlich sein möchtest, fragst du ihn einfach, warum er so traurig ist. Denn wenn man Leute fragt, warum sie traurig sind, sind sie meistens nur noch halb so traurig.

„Ach je ...", sagt Erik. „Alle frieren in meiner Nähe, und darum will keiner mit mir spielen. Die Rehe und die Hasen, auch die Wölfe und Luchse ... alle laufen weg und suchen sich ein warmes Plätzchen. Aber ich bin nun einmal ein Eisriese und überall, wo ich hingehe, wird es kalt. So bin ich eben. Und es ist nicht jeder so dick angezogen wie du, verstehst du?!"

Hm, das ist natürlich wirklich blöd. So einsam kann ja niemand fröhlich sein! Was kann man da nur machen?

Schwer stützt sich Erik auf seinen Gehstock auf, und die zwei letzten Blättchen, die noch an ihm wachsen, wehen kläglich im Wind.

Du überlegst, wer denn in Eriks Nähe nicht frieren würde ... und zackbumm ... da hast du plötzlich eine Spitzenidee: Schneemänner!

Mit deinen Händen formst du einen kleinen Schneeball und rollst ihn im Schnee hin und her, bis er immer größer wird. Gespannt schaut Erik zu, was du da machst, und murmelt wieder ein langgezogenes „Oh ...", während du schon den zweiten großen Ball zurechtrollst und ihn auf den ersten hebst. Dann noch ein dritter, kleinerer Ball, dem du mit ein paar Ästen und Steinchen ein Gesicht bastelst.

Und schon beginnst du mit dem zweiten Schneemann, bei dem Erik dir nun hilft. Mit seinen riesigen Händen formt er große Kugeln und setzt sie im Nu aufeinander. Die Gesichter machst besser du, da sind Eriks riesige Hände nicht so geeignet! Ruckzuck habt ihr eine ganze Schneemannfamilie aufgebaut. Schau sie dir in Ruhe an: Sehen sie nett aus? Stehen sie im Kreis oder kreuz und quer verteilt?

Erik staunt. „Sind das Orkelmopfe? Ist das vielleicht doch ein echtes Wort?“, fragt er. Du musst laut lachen, und der Klang deines Lachens scheint Erik nun so richtig zu freuen. Und er wirkt schon viel weniger traurig, als du ihm erklärst, dass das Schneemänner sind, denen es gar nicht kalt genug sein kann. Ideale Freunde für einen Eisriesen!

Langsam stapft Erik um die Schneemänner herum … schaut sie von allen Seiten an, holt dann tief Luft und pustet sie an. Ein eisiger Hauch legt sich glitzernd auf die Figuren … und dann blinzeln sie plötzlich mit den Steinaugen, die du ihnen gebastelt hast, recken und strecken sich … und sind tatsächlich lebendig!

Sie schauen sich erst noch etwas unsicher um, aber als sie dich mit deinen erstaunt aufgerissenen Augen und das freundliche Gesicht von Erik sehen, grinsen sie breit und fangen an, im Kreis herumzulaufen.

Und Erik? Erik macht etwas, was er schon sehr viele Jahre nicht mehr gemacht hat: Er lacht! Gut … das klingt, als würde irgendwo eine Lawine herunterkrachen … aber er lacht! Aus tiefstem Eisriesenherzen, das nun nicht mehr einsam ist!

Das war wirklich eine gute Idee von dir! Richtig klasse! Und jetzt kannst du es auch genießen und mit den Schneemännern und Erik ein bisschen Fangen spielen. Irgendwie das langsamste Fangen, das du je gespielt hast! Ihr lauft hierhin und dorthin, Erik stapft hinterher ... und es ist ihm völlig gleichgültig, worum es in dem Spiel überhaupt geht. Hauptsache, ihr spielt irgendetwas!

Nach einer Weile bleibt ihr stehen und bildet einen Kreis. Ihr schaut euch alle an. Die Schneemänner grinsen, du grinst ... aber am breitesten grinst Erik. Da hast du heute jemanden wirklich sehr glücklich gemacht! Und das nur, weil du ihn gefragt hast, wie es ihm geht, und dann wirklich zugehört hast. So einfach kann das manchmal sein.

Langsam wird es nun Zeit, dich von deinen neuen Freunden zu verabschieden. Erik fände es natürlich besser, wenn du bei ihm bleibst, aber er versteht, dass du ja auch noch andere Freunde, Freundinnen und deine Familie hast. Und er hat ja jetzt auch die neue Schneefamilie, sodass er nicht mehr einsam ist und traurige Lieder singen muss.

Vorsichtig beugt er sich ganz nah zu dir herunter und flüstert dir ins Ohr: „Danke! Ich werde für immer dein

Freund sein. Ich ernenne dich zum Ober-Ehren-Orkelmopf!" Er lächelt dich an ... und es ist gar nicht kalt in seiner Nähe. „Wann immer du mich besuchen magst", sagt er, „bin ich für dich da. Versprochen!"

Du nickst ihm zu, winkst nochmal den Schneemännern und drehst dich dann um. Du schlenderst zurück über den Hügel, musst schmunzeln, als du dich nochmal umschaust, und beobachtest, wie Erik und die Schneemänner einen sehr, sehr seltsamen Tanz aufführen ... Dann wanderst du weiter durch die Schneelandschaft, die immer mehr verblasst ... und kommst wieder zurück, hierher in dein Zimmer, in euer Haus oder eure Wohnung, hierher, wo du sitzt oder liegst. Atme noch dreimal tief durch und öffne dann langsam deine Augen.

Willkommen zurück in deiner Welt, in der Freundschaft und Freundlichkeit ganz selbstverständlich für dich sind!

Fröhlich sei dein Tag, fröhlich sei dein Leben!

Die Sandbank der Robben

Eine Reise, um Ruhe und neue Kraft zu finden. Sie dient der **ENTSPANNUNG** und hilft in angespannten und stressigen Zeiten, gibt eine klare Erlaubnis, einfach mal „nur faul herumzuliegen" und dies auch in vollen Zügen zu genießen. Sie ist gut gegen zu viel Grübelei und eignet sich auch als **GUTE-NACHT-MEDITATION** oder Einschlafgeschichte für einen Mittagsschlaf *(falls dies nicht gewünscht ist, bitte einfach die letzten drei Zeilen intuitiv abändern und das Kind aus seiner Reise willkommen heißen mit Recken und Strecken, sanftem Augenöffnen etc. …).*

Setze oder lege dich ganz entspannt hin, ganz so, wie es für dich bequem ist. Wenn du magst, kannst du dich auch zudecken. Mach es dir richtig gemütlich und schließe sanft deine Augen.

Atme nun dreimal ganz tief ein und ganz lange aus. Spüre dabei, wie die Luft durch deine Nase, durch deine Brust bis in deinen Bauch und wieder zurückströmt. Vielleicht kitzelt es ein bisschen an deiner Nase, vielleicht merkst du, wie deine Bauchdecke sich mit jedem Atemzug hebt und senkt. Achte einfach mal darauf, wie sich das anfühlt.

Atme dann ganz normal weiter, genau so, wie dein Atem ganz von selbst kommen und gehen mag.

Da ist es ganz still in dir! Nur dein Atem, der ganz ruhig hin- und herfließt … Horch mal in dich hinein.

So schön entspannt, lass dich langsam in die Welt deiner Fantasie sinken. Stell dir vor, dass du an einem wunderschönen Strand bist. Da ist ganz warmer und heller Sand unter deinen Füßen, vielleicht merkst du ihn sogar zwischen deinen Zehen oder spürst einfach die Wärme unter deinen Fußsohlen. Gehe gern ein paar Schritte hier umher und sieh dich um.

Die Wellen plätschern ganz träge ans Ufer und das Wasser malt mit jeder Welle andere Muster im Sand. Immer wieder neu und ganz anders. Ein paar kleine Krebse krabbeln vor den Wellen davon und hier und da entdeckst du ganz schöne Muscheln, die im Sonnenlicht glitzern.

Du kannst weit übers Meer blicken, das blau und silbern glitzert, und manchmal sieht es ganz kurz so aus, als ob über den Wellen kleine Regenbögen erscheinen. Ein leichter Wind weht und du merkst, dass die Luft ein kleines bisschen salzig schmeckt und riecht.

Genieße diese Zeit wie einen kleinen Urlaub! Wenn du magst, fühle mit deiner Hand den von der Sonne so schön erwärmten Sand. Atme tief ein und spür dabei, wie gut dir die frische Luft tut.

Strahlend blauer Himmel über dir, an dem nur ein paar zarte Wolkenfetzen von der lauen Brise bewegt werden. Immer wieder segelt eine Möwe dort am Himmel und ab und an schreit sie auch in den Wind. Jetzt kommt eine näher an dich herangeflogen und landet im Sand. Sie hüpft

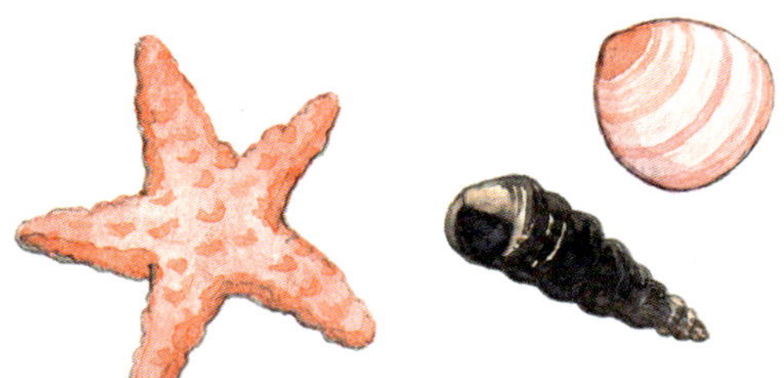

ein paar Schritte näher heran, legt den Kopf schief, sieht dich an und hüpft noch näher auf dich zu.

Dann hüpft sie aufgeregt um dich herum, als wollte sie dich auffordern mitzukommen ... und läuft auch schon Richtung Wellen davon.

Du läufst ihr hinterher und bist gespannt, was dich erwarten wird.

Plötzlich siehst du dort hinten mitten in den Wellen eine kleine Wasserfontäne. Es spritzt einfach so dort hinauf. Scheinbar kommt es immer näher. Da, noch eine Wasserfontäne und jetzt schon ein paar Wellen weiter vorn. Eine dritte Wasserfontäne und ganz nah bei dir am Strand. Was kann das nur sein?

Du gehst ein paar Schritte ins flache Wasser, um dir das genauer anzuschauen, und siehst unter den Wellen durch das klare Meerwasser etwas hin und her schwimmen ...

Dann kommt erneute eine Wasserfontäne – so nah, dass du einige erfrischende Spritzer abbekommst. Und dann kannst du erkennen, was da im Wasser herumplanscht und Fontänen macht: es ist ein Wal-Baby, das nun vor dir auftaucht und dich mit seinem kindlichen Gesicht ganz freundlich anschaut. Ein paar hohe Töne sind auch zu hören und es dreht sich ein wenig aufgeregt, sodass sein Rücken ganz nah vor dir ist. Da ruft die Möwe ganz laut und du verstehst, dass sie dich meint. Als würde sie „Steig auf! Steig auf!“ rufen. Für ein Baby ist der kleine Wal ganz schön riesig. Doch du tastest dich vorsichtig näher heran, berührst den glatten Rücken und kletterst dann ganz vorsichtig darauf. Als du einen guten Platz auf dem kleinen Wal gefunden hast, setzt er sich langsam in Bewegung. Du merkst sofort, was für einen großen Spaß er dabei hat, wie wohl er sich fühlt und wie gern er dich durch das Meer trägt.

So etwas hast du zwar noch nie gemacht, aber du fühlst dich ebenfalls richtig wohl und ganz in Sicherheit zwischen den schaukelnden und glitzernden Wellen.

Einfach so im Meer getragen zu werden ... das hat schon was!

Und so genießt du auch hier mitten im Meer diese Zeit wie einen Urlaub ...

Langsam nähert ihr euch einer riesigen Sandbank. Sie erhebt sich hier mitten im Ozean und wird ganz warm von der Sonne beschienen. Das Wal-Baby macht wieder ein paar hohe Töne, spritzt fröhlich eine Wasserfontäne in die Luft und wippt ein wenig mit dem ganzen Körper hin und her ... es ist wohl Zeit, dort an Land zu gehen. So lässt du dich ins flache Wasser gleiten und watest einige Schritte hindurch, bis du ganz auf der warmen Sandbank angekommen bist.

Du staunst nicht schlecht: hier liegen unzählige Seehunde und Robben dicht an dicht in der Sonne herum. Manche halten den Bauch in die wärmende Sonne, andere liegen auf der Seite und klatschen nun aufgeregt ihre Seitenflossen an den Körper heran. Wollen sie dir zuwinken? Oder klatschen sie zur Begrüßung? Schwer zu sagen.

Fasziniert schaust du dich um, wie sie alle hier einfach faul herumliegen und sich sonnen.

„Hey! Hallo! Du bist sicher ________ *(Name des Kindes)*, oder?!“, fragt es dann ganz in deiner Nähe. „Ich habe schon gewusst, dass du heute an den Strand kommst. Da robbe ich doch gleich mal auf dich zu, denn ich weiß, dass du ein/e Freund/in der Tiere bist. Magst du ein bisschen mit uns abhängen?!“

„Öööööhh, Öh, Ööööhhhh …“, rufen einige Seehunde in der Nähe und klatschen wieder die Flossen an ihre Seiten. Scheinbar würden sie sich freuen, wenn du ein wenig hier bleibst.

Die feuchte dicke Schnauze direkt neben dir mit den riesigen Schnurrhaaren knufft dich fröhlich in die Seite und das kitzelt ein wenig. Auch hier kommen ein paar See-

hundgeräusche hinzu und dann plumpst es neben dir einfach in den Sand. „Los, komm, lass uns ein bisschen herumkullern! Das macht solchen Spaß! Mach einfach mit!“, ruft dir der Seehund zu und beginnt sich ganz langsam und träge einmal um sich selbst zu kugeln.

In einiger Entfernung machen ein paar andere Seehunde direkt mit und sie scheinen sich auch alle etwas zuzugrunzen, das sich irgendwie wie Freude anhört.

Also lässt du dich ebenfalls ganz genüsslich in den Sand plumpsen und rollst dich einmal um dich selbst. An deinen noch nassen Beinen bleibt Sand kleben und kitzelt ein kleines bisschen ... da drehst du einfach noch eine Rolle.

Der Seehund mag wohl mit dir spielen, rollt sich ganz nah an dich heran und ... oh, oh, gibt dir richtig Schwung ... gemeinsam rollt ihr einfach durch den warmen Sand, seht bald aus, als hätte man euch paniert und kugelt einfach immer weiter und weiter herum. Es gibt keine Regeln für dieses Spiel, es geht einfach nur darum, ganz entspannt Spaß zu haben und sich treiben zu lassen.

Und so rollst du dich einige Momente durch den warmen Sand und genießt es einfach, bei all den grunzenden Seehunden zu sein, die hier das Leben genießen.

„Ist es nicht wundervoll, einfach faul rumzuliegen und gar nichts machen zu müssen?! Wir können den Wellen zuschauen oder Löcher in den Himmel starren oder einfach herumkugeln ... hach ja!“, seufzt der Seehund neben dir und kuschelt sich an.

Über dir hörst du nun die Möwe wieder rufen und schaust hoch in den Himmel. Da zieht sie ihre Kreise, klar und deutlich sichtbar mit ihrem strahlend weißen Gefieder am blauen wolkenlosen Himmel. Auch sie scheint sich einfach im warmen Wind treiben zu lassen und zu entspannen.

Da hebt der Seehund neben dir den Kopf und sagt: „Ah, schön, wollen wir auch rufen und die Möwe grüßen?! Schau mal, wir rollen uns auf die Seite ... so ... und dann rufen wir einfach ganz laut hinauf und bewegen ganz schnell unsere Seitenflosse auf und ab - so. Schau mal." Er rollt sich auf die Seite, klatscht mit seiner Flosse auf den massigen Körper und grunzt ganz fröhlich drauflos. Das ist so ansteckend, dass du dich auch auf eine Seite rollst und mit der Hand auf deine Seite klopfst, so als wärest du eine Robbe. Nun siehst du auch seine Schwanzflosse hin- und herwedeln ... und versuchst das mit deinen Füßen einfach nachzumachen. Und ein bisschen grunzen kannst du sicher auch ... Mal sehen, ob die Möwe euch beide hört und nochmal antwortet.

Da kullert der Seehund an dich heran und gibt dir einen sanften und zugleich schwungvollen Schubs, sodass du einige Male um dich selbst rollst und dir ganz angenehm warm wird. Hach. Hier lässt es sich einfach gut durchatmen. Und da ruft euch auch die Möwe wieder zu und segelt weiter am blauen Himmel.

Das Geräusch des Meeres rauscht so schön angenehm in deinen Ohren, die Wellen kommen sanft an den Strand der Sandbank und ziehen sich dann wieder ins endlose Meer zurück. Die Seehunde schnauben und grunzen glücklich, der Wind weht sacht über dich hinweg und die Sonne kitzelt an der Nase ... hier lässt es sich gut aushalten.

Da siehst du ganz in deiner Nähe eine Wasserfontäne aus den Wellen aufsteigen. Ein dir schon etwas vertrauter Wal-Baby-Kopf steigt auf und taucht wieder unter, um eine weitere Fontäne in die Luft zu schießen. Du spürst, dass es nun Zeit ist, um wieder nach Hause zu gehen.

Auf deine Weise verabschiedest du dich bei dem Seehund - vielleicht magst du ihn ja auch mal in die Seite knuffen und anschubsen. Er wird sich bestimmt freuen, wenn er ein wenig um sich selbst herumkullert ... Wann wird schon mal jemand kommen, um ihn anzuschubsen? Vielleicht grunzt und winkst du ihm noch einmal auf Seehund-Art zu?

Und dann gehst du zum Wasser zurück. Wenn du magst, winke noch einmal allen Seehunden auf dieser Bank auf Menschenart zu!

Dann machst du ein paar Schritte ins flache Wasser hinein und schon kommt dein Baby-Wal nah an dich heran und du kannst auf seinen Rücken klettern.

Da hörst du auf einmal alle Seehunde der gesamten Sandbank fröhlich grunzen und mit ihren Flossen klatschen, als ob sie alle sich verabschieden und freuen, dass

du sie besucht hast! Ein herrliches Seehund-Konzert begleitet dich noch weit ins Meer hinein.

Ihr entfernt euch immer mehr von der Sandbank und schwimmt auf den Strand zu, an dem deine Reise begonnen hat.

Die gleichförmigen sanften Wellenbewegungen und das Schaukeln des Walrückens machen dich langsam ein bisschen schläfrig.

Leise schnaubt das Wal-Baby noch einmal eine kleine Fontäne in die Luft und wird langsamer. Ihr seid nun wieder am Strand angekommen und weiter an Land kann es dich nicht bringen, weil es ja nicht stranden möchte.

Du streichelst ihm noch einmal über seinen so glatten Rücken und wenn du magst, bedanke dich zum Abschied, dass es dich so gut auf seinem Rücken zur Seehundbank und wieder zurück getragen hat. Vielleicht magst du ihm ja auch sagen, wie die Meeresreise für dich war ...

Dann kletterst du von seinem Rücken hinab und watest durch das flache Wasser zurück an Land. Die Wellen fließen sanft um deine Knöchel herum, überall glitzert es in den Wellen und dann setzt du deine Füße wieder auf den puren hellen Sand.

Du blickst noch einmal übers Meer und spürst ein wohlig warmes Gefühl in deiner Brust, das dich erfüllt.

Hier ist der Strand auch so schön warm und einladend, wie bei den Seehunden auf der Sandbank im Meer ... und so legst du dich kurzerhand auch hier noch einmal in den Sand oder plumpst einfach hinein, wie du es vorhin mit dem Seehund getan hast ...

Da merkst du, dass du nun richtig müde geworden bist und vielleicht gähnst du auch herzhaft. Du streckst dich im warmen Sand genüsslich aus, hältst dein Gesicht in die wärmende Sonne ... und rollst dich dann dort zusammen.

Alles ist ganz warm und wohlig.

Dein Körper ist nun ganz müde, deine Augenlider, deine Arme und deine Beine sind ganz schwer. Atme einfach ein und aus.

Die Seehunde schlafen bestimmt auch schon, ganz in deiner Nähe, dort im Meer auf ihrer Sandbank. Ihr fröhliches Grunzen begleitet deine Träume.

Rolle dich nun einfach sanft von deinem Strand in dein Bett hinüber, oder an den Platz, an dem du sitzt oder liegst ...

Schlaf nun gut.

Schlafe tief und fest.

Gesegnet sei dein Schlaf, fröhlich seien deine Träume.

Freyja und die Katzen-Kutsche

Die Begegnung mit Freyja und die Fahrt in der Katzenkutsche laden Kinder dazu ein, Spaß zu haben, die Welt (den Himmel) zu entdecken und sich **FRÖHLICH TREIBEN ZU LASSEN.** Diese Meditation schenkt auch Kraft und möchte Kinder ermutigen, ihre **FREUDE UND BEGEISTERUNG** stets zu teilen und zu leben.

Hast du Lust, heute einen wirklich außergewöhnlichen Ausflug zu machen? Möchtest du eine ganz abenteuerliche Fahrt unternehmen und dabei neue Freunde kennenlernen?

Dann schließ jetzt deine Augen und atme dreimal ganz tief durch *(gemeinsam mit dem Kind dreimal langsam und tief atmen)* und beim dritten Einatmen zieh gern einmal die Schultern hoch zu den Ohren und lasse sie dann einfach fallen. Ganz entspannt. Alle Erlebnisse des Tages fallen ab und wir können ganz frei auf Reisen gehen.

Setze oder lege dich bequem hin. Spüre gern noch einmal durch deinen ganzen Körper hindurch, ob du es ganz gemütlich hast und du in aller Ruhe dein Abenteuer genießen kannst.

Stelle dir jetzt vor, dass du in einer wundervollen Landschaft stehst. Irgendwo mitten in der Natur, wo es dir sehr gefällt und du dich wohlfühlst. Kennst du diesen Ort bereits, oder ist er dir ganz neu? Schau dich um, was du dort alles entdecken kannst. Wachsen hier besondere Blumen oder Pflanzen, die du noch nie gesehen hast? Kannst du Tiere sehen oder hören, die hier leben?

Wie riecht die Luft an diesem Ort, und wie fühlt sie sich auf deiner Haut an? Atme noch einmal tief durch und nimm die klare, frische Luft dieses Ortes tief in dir auf.

Hoch über dir hörst du nun plötzlich Geräusche ... Du kannst sie zunächst nicht zuordnen und entdeckst auch kein Tier, das dazu passen könnte. Es ist einerseits ganz still ... und doch hörst und spürst du etwas näher kommen. Was könnte das bloß sein? Dann, ganz plötzlich weit oben über dir hörst du „MIIIIAAAAUUUUUU..." Du schaust nach oben und traust deinen Augen kaum! Da am Himmel laufen einfach so zwei riesige ganz niedliche Katzen, die eine Kutsche hinter sich herziehen. Sie sind riesengroß, so groß, wie Katzen normalerweise gar nicht sind, und scheinen auf den Wolken und in der Luft laufen zu können ... Wie kann das sein? Die Katzen kommen nun vom Himmel herab und immer näher auf dich zu, ihr Maunzen und Schnurren wird daher lauter und lauter und dann siehst du auch, dass die ganze Kutsche irgendwie leuchtet. Kannst du schon alles gut erkennen?

Die merkwürdig schöne Katzen-Kutsche kommt nun ganz nah heran, landet neben dir mitsamt einer wunderschönen Frau, die darin sitzt. Das Leuchten geht von einer goldenen Kette und ganz vielen Edelsteinen aus, die sie trägt und die orange, gelb und hellrot funkeln. Das ganze Gespann und die Frau in der Kutsche sind sehr beeindruckend. Nun steht sie in ihrer Kutsche auf, blickt dich freundlich an und sagt mit einer ruhigen, sanften Stimme zu dir: „Wie schön, dass ich dich hier gefunden habe! Ich bin Freyja[19] und das sind meine beiden Katzen Oski und Jurra. Wir wollten dich so gern kennenlernen, liebe/r _________ *(Name des Kindes)*. Es ist mir eine Freude, dich zu einer Fahrt in meiner Kutsche einzuladen und mit dir herumzufliegen. Hast du Lust dazu?“

Das Ganze wirkt ein bisschen wie ein seltsamer Traum, aber auch ein ganz schöner Traum und so hast du Lust mitzufliegen und zu schauen, was für ein Abenteuer dich hier wohl erwartet. Es ist ja auch spannend, dass die schöne Katzenfrau dich zu kennen scheint.

---

19 Die Göttin Freyja war eine Vanin (siehe „Die grüne Kraft des großen Waldes“) und die Schwester von Freyr bzw. Yngvi. Sie galt als Fruchtbarkeits- und Liebesgöttin, aber auch als Schutzpatronin der Seherinnen. Und sie fuhr mit einem Wagen über den Himmel, der von zwei Katzen gezogen wurde.

Als hätte sie deine Gedanken gelesen, sagt sie fröhlich zu dir: „Aber natürlich kenne ich dich! Du bist eine Freundin/ein Freund der Tiere ... und in den Wäldern und Feldern und auch in den vielen Welten aller Wesen spricht man von deinen Abenteuern. Jetzt mache ich endlich auch einmal einen Ausflug mit dir. Steig ein!"

Und so steigst du in die wunderschön verzierte Katzenkutsche und setzt dich auf das weiche und sehr gemütliche Polster.

Die beiden Katzen warten geduldig, bist du einen guten Sitz und somit sicheren Halt in der Kutsche gefunden hast. Dann beginnen sie langsam loszulaufen, traben eine Weile über den Boden und heben schließlich - obwohl sie keine Flügel haben - in die Lüfte ab. Es ruckelt nicht einmal, denn mit ihren weichen Samtpfoten gleiten die Oski und Jurra einfach durch die Lüfte. Freyja sieht, wie dir das gefällt und lächelt dich an.

Ihr fliegt weit nach oben, könnt die Landschaft sehen, in der du gerade noch gestanden hast, steigt hoch hinauf ... über die Wolken und scheinbar fast in die Sonne hinein - so hell leuchtet es dort. Ihr fliegt höher und höher, bis Freyja dich fragt: ... „Magst du Achterbahnen?" Da musst du nicht lange überlegen ... Scheinbar möchte sie, dass die Fahrt genau so wird, wie du es toll finden würdest. „Meine Katzen können deine Gedanken verstehen und wenn du magst, darfst du sie nun lenken. Sie brauchen keine Zügel, sie sind so frei wie ich. Aber sie werden gern genau so durch die Luft düsen, wie du es magst. Wenn du dir einfach vorstellst, wie sie fliegen sollen, werden sie das machen. Probiere das mal, es macht Spaß!"

Tatsächlich klingt das sehr spannend und du probierst es mit ersten Gedanken aus. Freue dich jetzt auf deine Fahrt nach Wunsch!

Der Flug der Katzen-Kutsche verändert sich genau so, wie du es dir in Gedanken wünschst, und vielleicht magst du jetzt, wenn du es nicht schon versucht hast, mal einen echten Looping drehen wie in einer wilden Achterbahn oder lieber Kreise in der Luft oder ganz andere Muster. Wage dich gern mal an wilde Ideen heran, denn du bist hier ja in Sicherheit.

Nimm dir Zeit dazu und genieße die Fahrt!

Hui, das war nochmal wild und Freyas Haare sehen nun ganz schön zerzaust aus! Schau mal!

Vom Fahrtwind und vom Spaß hast du ganz rote Wangen, und ein bisschen lustig fühlt es sich auch in deinem Bauch an, oder?! Die Katzen-Kutsche wird nun wieder langsamer und gleitet ganz sanft durch die Lüfte, als Freyja wieder mit ihren Gedanken das Steuer übernimmt.

Freyja lächelt dich ganz freundlich an und sagt: „Das war eine tolle Fahrt, danke dafür! Auf diese Ideen wäre ich nie gekommen. Ich hoffe, du hattest auch ganz viel Spaß dabei?! Du bist ganz besonders und daher würde ich dir sehr gern etwas schenken, damit du immer weißt, dass deine ganz eigene Kraft, deine Freude am Spiel und die Leichtigkeit, mit der wir hier unterwegs waren, dein ganzes

Leben begleiten! Ich wünsche dir von Herzen, dass deine Begeisterung immer da sein wird und deine Augen immer so leuchten, wenn du dich freust! Und dafür schenke ich dir einen kostbaren Flammenstein von meiner Halskette, die mir vor langer Zeit die Zwerge geschmiedet haben."

Du siehst, wie sie nun an ihrer goldenen Kette einen der leuchtend rot-orange-gelben Steine löst. Und tatsächlich! Der Stein sieht aus, als ob sich darin etwas bewegt, als ob darin feurige Flammen flackern. So etwas hast du noch nie gesehen ...

Während du noch fasziniert auf den Flammenstein schaust, nimmt Freyja vorsichtig deine Hände und legt den Stein hinein.

Wie fühlt er sich für dich an? Betaste ihn gern mal und schau hinein ... vielleicht erkennst du ja etwas in den Flammen?

Freyja lächelt dich liebevoll an und auch die beiden Katzen schnurren laut und scheinen sich mit dir zu freuen.

„Dieser Flammenstein wird dir immer das Feuer der Begeisterung und die Lebensfreude bringen, die dir im Leben hilft, ganz wundervolle Dinge zu erleben und auch zu genießen! Wenn du magst, kannst du ihn in deine beiden Hände hineinschmelzen lassen, dann ist er ein Teil von dir und du kannst die Freude nie mehr verlieren ... Wir können das gern zusammen machen", sagt Freyja zu dir und nimmt sogleich einen weiteren Stein von der leuchtenden Kette ab, den sie in ihren Händen behält. „Schau mal, so machen wir das, genau wie das Lenken der Katzen, nur mit

Gedankenkraft ...", und schon schaut sie auf den Flammenstein in ihren Händen und du beobachtest, wie der Stein noch viel leuchtender strahlt. Auch der Stein in deiner Hand beginnt nun, sich zu verändern. Du spürst ein Prickeln und Kitzeln in deinen Handflächen, als der Flammenstein nun viel heller strahlt, die Flammen sich bewegen und deine Hände ganz warm werden. Langsam schmilzt der Stein in deine Hände hinein ... warm und leuchtend verbindet er sich mit dir.

Du schaust zu Freyja und siehst, dass in ihren Händen das Gleiche passiert und dass die ganze Freyja plötzlich auf einmal hell aufleuchtet. Dir wird überall ganz warm und sie sagt: „Genau so schön leuchtest du auch gerade. Jeder von uns trägt eine ganz besondere Kraft, ein ganz besonderes Talent in sich und kann für sich und andere ein wärmendes Feuer sein, das die Welt zu einem freundlichen Ort macht. Das, was dich ausmacht, was dein Feuer mit sich bringt, macht dir so viel Spaß, dass es dir nicht wie lernen oder sich anstrengen müssen erscheinen wird. Das zündest du ganz einfach und leicht in dir an. Immer, wenn du es brauchst. Wir wünschen dir, dass dein inneres Feuer niemals ausgeht und du immer viele Ideen und ganz viel Spaß hast! Nimm das mit nach Hause und behalte es für immer in dir!"

Oski und Jurra setzen nun zum sanften Landeanflug in deiner Lieblingslandschaft an und kommen dann mit euch und der Katzen-Kutsche zum Stehen.

Du verstehst, dass es nun an der Zeit ist, nach Hause zurückzukehren. Wenn du magst, bedanke dich jetzt bei den Katzen für die tolle Fahrt und bei Freyja für das wertvolle Geschenk und alles, was du gelernt und erlebt hast.

Dann steigst du aus der bequemen Kutsche aus und vielleicht magst du die beiden Katzen ja zum Abschied noch einmal streicheln.

„Wir freuen uns, wenn du wieder einmal mit uns durch die Lüfte ziehen magst, liebe/r ________ *(Name des Kindes)*! Besuche uns gern jederzeit wieder! Du weißt ja jetzt, wo du uns findest. Und bis dahin hab ganz viel Spaß!", ruft Freyja dir winkend zu, als die Katzen-Kutsche sich langsam wieder in Bewegung setzt. Du schaust dem Gespann noch einige Momente hinterher, wie sie in die Lüfte aufsteigt und langsam in den Wolken verschwindet … und wieder fühlt es sich ein bisschen wie ein seltsamer und doch spannender Traum an.

Dann nimm dort in deiner Lieblingslandschaft langsam wieder drei tiefe Atemzüge und spüre dabei in deinen Körper hinein, spüre, wo du gerade bist. Bewege langsam deine Finger, deine Zehen, und wenn du magst, recke und strecke dich. Mache langsam deine Augen auf und freue dich über deine ganz besondere Kraft, mit der du die Welt ein ganzes Stück heller machen kannst! Über das Feuer der Begeisterung in dir, mit dem du andere Menschen anstecken und zum Lachen bringen kannst.

Fröhlich sei dein Tag, voller Begeisterung sei dein Leben.

Wunjo, der Waldschrat

Auf dieser Reise lernt das Kind einen sehr eigentümlichen Freund kennen, dem es mit seinen **IDEEN** helfen kann. Der Zauber, mit dem dieser neue Freund sich bedankt, lässt das Kind noch mehr den **ZAUBER DES GESCHICHTENERZÄHLENS** wertschätzen.

Hast du Lust auf einen Ausflug in den Wald? Es gibt da jemanden, der dich bestimmt gerne kennenlernen würde … Wenn du magst, dann mach es dir richtig gemütlich. Setz dich auf die Couch oder im Schneidersitz auf die Erde, lehn dich gern an, kuschel dich an, deck dich mit einer warmen Decke zu oder leg dich hin, wenn du möchtest. Und dann schließ sanft deine Augen und atme dreimal ganz tief durch, um dich für die Reise vorzubereiten, ein wenig zur Ruhe zu kommen und ganz viel Platz für tolle neue Bilder in deinem Geist zu schaffen.

Ganz tief ein … und wieder aus …

Und wenn du jetzt ganz normal weiter atmest, dass lass dich mit jedem Atemzug mehr und mehr in die Welt deiner Fantasie gleiten. Bilder tauchen vor deinen geschlossenen Augen auf und du siehst dich selbst, wie du in einem großen grünen Wald stehst. Wohin du auch schaust, kannst du Bäume entdecken: hohe und niedrige, große und kleine, dunkelgrüne und hellgrüne, knorrige und ganz glatte und schlanke, welche mit Blättern und welche mit Nadeln ... Auf den Wurzeln wachsen Moose und bunte Pilze, da ist ein Mäuseloch, aus dem eine kleine niedliche Mäusenase herausschaut, und dort siehst du ein Eichhörnchen, das wie ein roter Blitz einen Baum heraufhuscht.

Lauf einfach ein bisschen herum, wenn du möchtest, und schau dir alles an ... Du kannst die Bäume auch anfassen oder an ihnen schnuppern, das weiche Moos befühlen oder der Maus *Hallo* sagen ... Lass die ein paar Momente Zeit, richtig in diesem schönen Wald anzukommen ...

Der Boden des Waldes ist ganz weich unter deinen Füßen, alles duftet frisch und gut, und die Luft ist erfüllt vom Gesang so vieler Vögel. Einige Arten, die du siehst, kennst du schon, andere hast du noch nie gesehen. Sie sitzen auf den Ästen, flattern umher, schauen aus ihren Nestern und scheinen dich alle begrüßen zu wollen ...

Du läufst immer weiter, atmest die gute Waldluft ein und siehst dann plötzlich drei Fuchskinder an einem Baum sitzen. Komisch ... Normalerweise hüpfen, springen, rennen Fuchskinder doch die ganze Zeit herum. Warum sitzen die drei dort einfach nur still herum?

Langsam gehst du auf sie zu, und da entdecken sie dich auch schon ...

„Hallo!", sagt eines der Fuchskinder zaghaft. „Bist du vielleicht ________ *(Name des Kindes)*?"

Du nickst.

„Wir sind Rollo, Runa und Rogge. Und wir überlegen."

So, die Fuchskinder überlegen also. Fragt sich bloß, was sie überlegen ...

„Wir überlegen", fährt ein anderes Fuchskind fort, „wie wir Wunjo helfen können. Wunjo ist ein Waldschrat ... der Beste, den es gibt. Denn er erzählt immer Geschichten und zeigt uns Zaubertricks. Aber jetzt ist er ganz mies drauf, weil seine Hütte beim gestrigen Sturm kaputtgegangen ist. Er stapft da hinten durch den Wald und sagt, dass er heute keine Zeit für uns hat, weil er eine neue Hütte bauen will ... Aber er scheint das nicht besonders gut zu können, jedenfalls probiert er es schon die ganze Zeit und bis jetzt ist noch keine Hütte zu sehen ... Kannst du ihm vielleicht helfen?"

„Ja, kannst du ihm helfen?", ruft das andere Fuchskind aufgeregt. „Dann hat Wunjo auch wieder Zeit für uns ..."

Schon flitzen die drei kleinen Füchse los, um dich zu Wunjo zu führen. Deine Antwort warten sie gar nicht ab, aber sie wissen wahrscheinlich, dass du gern hilfst und bestimmt etwas unternehmen kannst.

Also gehst du ihnen hinterher und folgst den drei roten Fellknäueln, bis ihr an eine kleine Lichtung geratet, auf der ein seltsam lustiges Wesen aufgebracht umherstapft.

„Murkseliger Mistmurks!", ruft der Waldschrat immer wieder und rauft sich die Haare, die allesamt aus kleinen Ästen und Zweigen zu bestehen scheinen, die ihm wirr vom Kopf abstehen. „Madenmorcheliger Moddermatsch!"

Immer wieder läuft er hin und her und stampft vor Wut mit den großen Füßen auf.

Die Fuchskinder schauen dich erwartungsvoll an, und so gehst du langsam näher. „Huch ...", ruft da der Waldschrat, „ich hab dich gar nicht gesehen. War so in Gedanken ..." Dann kneift er die Augen zusammen und schaut dich aufmerksam an. „Du bist doch ________ *(Name des Kindes)*, oder?! Von dir haben mir schon die Amseln, die Schnecken und die Grashalme erzählt. Ich glaube sogar, die Wolken haben mal deinen Namen erwähnt ... Du kommst ganz schön herum in allen Welten, habe ich mir sagen lassen. Mein Name ist Wunjo!" Und das Wesen streckt dir eine kleine, knorrige Hand entgegen.

Du reichst ihm auch die Hand, und Wunjo schüttelt sie sehr, sehr ... sehr ... sehr ... sehr ... sehr ... lange. Uff, endlich hört er auf.

„Man muss Hände immer sehr lange schütteln“, sagt Wunjo und hebt belehrend einen Zeigefinger, „dann ist man nämlich befreundet.“

Aha. Das hast du nicht gewusst. Aber vielleicht ist das auch nur bei Waldschraten so …

„Sag mal“, meint er jetzt, „hast du vielleicht Erfahrungen im Hüttenbau? Oder hast du vielleicht mal einen Wolkenkratzer konstruiert? Ein Fußballstadion gebaut? Einen Flugplatz angelegt?“

Du schüttelst den Kopf und musst schmunzeln. Das ist wirklich ein seltsamer Kerl, dieser Wunjo.

„Hm … hmm …“, macht er jetzt. „Weißt du, ich habe bislang in einer Hütte gewohnt, die schon mein Opa gebaut hat. Aber gestern war hier so ein schlimmer Sturm, dass sie einfach umgefallen ist. Da liegt das ganze Holz, aber ich bekomme es einfach nicht wieder aufgebaut. Schau mal …“

Er nimmt zwei Äste vom Boden, stellt den einen senkrecht hin und versucht den anderen quer obendrauf zu legen. Natürlich fällt der Ast herunter.

„Da. Habe ich doch gesagt. Es hält einfach nicht!“ Wunjo ärgert sich und fängt wieder an zu schimpfen: „Pladderiger Plapperplatsch! Rostiger Rumpelrodder! Schrottiger Schnodderschlotz!“

Okay, da wirst du ihm wohl wirklich helfen müssen. Du hast zwar noch keinen Wolkenkratzer gebaut, aber dass Äste nicht halten, wenn man sie einfach aufeinanderlegt, das ist dir schon klar.

Also überlegst du kurz und lehnst dann ein paar Äste an einen Baum. Dann nimmst du ein paar lange Grashalme und bindest sie oben zusammen. Das machst du jetzt

immer wieder und baust so eine Art Zelt aus Ästen für den kleinen Waldschrat.

Staunend schaut Wunjo dir zu. „Ui ...", macht er. „Das ... ist ... ja ... Zauberei! Jauchziges Juchu! Trötendes Trara! Du kannst das ja tatsächlich!"

Immer wieder klopft er dir auf die Schulter. Immer wieder. Und nochmal. Und nochmal.

„Man muss immer viel auf die Schulter klopfen", sagt er. „Dann weiß der andere, dass er etwas gut gemacht hat."

Jetzt suchst du große Blätter, um das Dach dicht zu machen. „Nein, stopp!", ruft Wunjo. „Das muss doch offen bleiben. Sonst regnet es ja gar nicht rein und man bekommt gar nichts mehr von der Welt mit."

Er schüttelt den Kopf. „Also_________ *(Name des Kindes)*, Hütten kannst du wirklich toll bauen, aber von Dächern scheinst du keine Ahnung zu haben. Ist aber okay. Ich habe ja das Schlimmste verhindert!"

Du musst grinsen. Bei Waldschraten scheint vieles anders zu sein. Aber wenn er seine Hütte mit offenem Dach möchte, soll er sie auch so haben, oder?

Du trittst ein paar Schritte zurück, und Wunjo krabbelt unter seine neue Holzzelthütte. „Perfekt!", ruft er begeistert. „Die schönste Waldschrathütte des ganzen Waldes!"

Du setzt dich zu ihm und auch die drei kleinen Fuchskinder gesellen sich zu euch. Wunjo sitzt unter seinen Ästen und ihr im Halbkreis davor. Dann bewegt er seine Hände, als würde er Wellen nachahmen, ein Summen ertönt ... und plötzlich haltet du und er ganz wunderschöne Teetassen mit warmem, lecker duftendem Tee in den Händen, während die kleinen Füchse alle einen kleinen Knabberknochen vor sich liegen haben.

„Jetzt ist Zeit für eine Geschichte", sagt er und nimmt einen kräftigen Schluck Tee. Du nippst auch an dem duftenden Gebräu und es schmeckt wirklich ganz wundervoll nach Wald und Zauber und Freundschaft ...

Dann beginnt Wunjo zu erzählen und seine Hände wieder ganz langsam hin und her zu bewegen, fast so, als würde er Klavier spielen. Kleine Lichter steigen von seinen Fingern auf, bunte Farbschlieren entstehen ... und zwischen seinen Händen kannst du plötzlich Bilder sehen: Bäume und Berge, ein Wanderer mit Schlapphut und einem Stock[20], Wölfe, die wie Hunde neben ihm herlaufen, Raben, die auf den Schultern des Wanderers landen und ihm etwas ins Ohr krächzen ...

Schau einfach zu, was Wunjo dir zeigen mag. Schau dir die Bilder an, die er herbeizaubert, die sich verändern, sich bewegen, eine Geschichte erzählen ...

Langsam verblassen die Bilder, die Wunjo mit seinen Worten und Händen erschafft. Die Wölfe, die Raben, der Wanderer ... sie alle verschwinden. Und dann sitzt ihr wieder einfach im Kreis zusammen. Wunjo lächelt still und die kleinen Füchse staunen mit offenen Schnäuzchen.

---

[20] Dieses Bild beschreibt Odin in seiner Form als Grimnir, der Wanderer, der sich ähnlich wie Rübezahl in Verkleidung zu den Menschen begibt, um ihr Herz zu prüfen. Großzügigkeit und Freundlichkeit werden bei diesen Begegnungen belohnt, Gier und Geiz werden bestraft.

Wow! Jetzt kannst du gut verstehen, warum die kleinen Füchse unbedingt wollten, dass du Wunjo hilfst. Es wäre wirklich zu schade, wenn Wunjo für solche tollen Zaubergeschichten keine Zeit mehr hätte. Und seien wir ehrlich: Mit seiner Methode hätte der Bau der Hütte wohl noch Jahre gedauert!

Wunjo klopft mit seinen Händen auf die Äste seiner neuen Behausung. „Danke nochmal, ________ *(Name des Kindes)*! Ich bin wirklich ein ganz stolzer Hausbesitzer! Jetzt habe ich wieder Zeit für die Kleinen hier ... und für Geschichten. Und wann immer du eine Geschichte hören und sehen magst, kannst du mich gern hier auf der Waldlichtung besuchen. Vielleicht kann ich dir eines Tages sogar zeigen, wie man solche Bilder herbeizaubert. Oder wir bauen einen Wolkenkratzer ... Was meinst du?“

Die Fuchskinder lachen, und auch du und Wunjo stimmt in das Gelächter mit ein. Wunjo zu besuchen und neue Geschichten zu hören, kannst du dir gut vorstellen. Das mit dem Wolkenkratzer warten wir mal ab ...

Für die kleinen Füchse wird es nun Zeit, in ihren Bau zurückzukehren. Und auch du solltest dich jetzt wieder auf den Rückweg machen. Du kannst ja jederzeit wiederkommen. Stell deine Teetasse ab und nimm dir jetzt ein paar Augenblicke Zeit, um dich von Wunjo zu verabschieden. Vielleicht magst du ihm noch etwas sagen, oder vielleicht flüstert er dir noch etwas ins Ohr ...

Dann stehst du auf und folgst den drei Fuchskindern zurück in den Wald. Wieder flitzen sie vor dir her und ihr kommt ruckzuck wieder an dem Baum an, wo ihr euch vorhin zum ersten Mal getroffen habt. Dort verabschiedet auch ihr euch voneinander ... und du kannst alle drei noch einmal hinter den Ohren kraulen. Das mögen sie gern.

Dann verschwinden sie in ihrem Bau, wo schon Mama Fuchs und Papa Fuchs auf sie warten. Du schlenderst weiter durch den Wald, hörst wieder die Lieder der vielen Vögel, betrachtest die unterschiedlichen Bäume, das Moos und die Pilze ... und kommst Schritt für Schritt ... ganz langsam ... wieder hier an, wo du sitzt oder liegst und wo dir gerade diese Reise vorgelesen wurde.

Atme nochmal tief durch ... recke und strecke dich ein wenig, beweg deine Finger und deine Zehen. Willkommen zurück von deinem Abenteuer mit drei kleinen Füchsen und dem lustigen Wunjo.

Fröhlich sei dein Tag, voller zauberhafter Bilder und Geschichten sei dein Leben!

Der Zauberhelm von Bragobroknir Broggason

In dieser Reise geht es um **GEHEIMNISSE,** um Hilfsbereitschaft und vor allem um **FANTASIE.** Sie eignet sich definitiv nicht als Einschlafgeschichte, da es gegen Ende auch mal wild zugehen kann …

Hast du Lust auf eine Reise in die geheimnisvolle Welt der Berge? Möchtest du die hohen Gipfel sehen und vielleicht neue Freunde kennenlernen? Dann mach es dir bequem, schließ deine Augen und atme dreimal tief durch. Du weißt ja: Das ist die beste Vorbereitung für ein Abenteuer!

Und jetzt kannst du dich mit deinen nächsten Atemzügen immer mehr der Welt deiner Fantasie überlassen ... Lass dich in innere Bilder hineinsinken und sieh dich selbst, wie du in einer bergigen Gegend herumwanderst: Steile Gipfel, schroffe Felswände, dazwischen karge Täler mit schmalen Pfaden und ein bisschen Grün, auf dem ein paar Schneeziegen grasen ...

Zwischen den Felsen weht der Wind ein paar Nebelfetzen umher, während am Himmel einige krächzende Raben ihre Runden drehen.

Du setzt einen Fuß vor den anderen und erkundest diese raue Gegend. Manchmal kannst du auf den schmalen Wegen laufen, manchmal musst du Geröll überqueren oder auch ein Stückchen klettern.

Ganz schön abenteuerlich ist das hier oben ... aber du hast ja schon so viele Abenteuer erlebt, dass dir ein bisschen Klettern nichts ausmacht!

Plötzlich landet einer der Raben direkt neben dir.

„Komm schnell mit, ________ *(Name des Kindes)*!“, krächzt er. „Wir haben etwas entdeckt, wo du gebraucht wirst ...“

Und schon flattert er wieder mit seinen schwarzen Flügeln, wirft sich in den Wind und fliegt davon. Da musst du dich ganz schön beeilen, um hinterherzukommen. Fast so schnell wie der Wind tragen dich deine Füße über Felsen und Geröll, du springst von einer Kante zur nächsten, hältst dich hier fest, schwingst dich dort herüber ... landest sicher, läufst, hüpfst ... und endlich siehst du, wie der Rabe wieder auf einem Felsen landet.

Irgendetwas Rotes ist da auch noch, aber du kannst es noch nicht genau erkennen. Dann kommst du näher, ziehst dich noch an einem Felsvorsprung herauf und sitzt dann neben dem Raben. Der krächzt noch einmal und fliegt dann wieder davon. Und du siehst nun, wohin er dich geführt hat: In einer Felsspalte sitzt ein Zwerg, dessen rote Mütze du gerade schon gesehen hast, und der einen ziemlich großen Leinenbeutel dabei hat, den er fest umklammert hält.

„Ach, wie gut, dass dich der Rabe hergeführt hat, ________ *(Name des Kindes)*! Schau mal, ich habe mir meinen Fuß in dieser Felsspalte eingeklemmt ...", schnieft er.

Jetzt kannst du erkennen, dass der kleine Lederstiefel des Zwerges zwischen zwei Felsbrocken festsitzt. Das tut bestimmt weh ...

Also: Erstmal den armen Zwerg befreien, das ist das Wichtigste! Du legst deine Hände auf die beiden Felsbrocken und beginnst zu drücken ... Hauruck! Und noch einmal: Hauruck! Gut, dass du so stark bist ... Die Felsbrocken haben sich schon ein bisschen bewegt, der Zwerg wimmert ein bisschen, aber dann mit einem letzten Hauruck kannst du ihn befreien. Erleichtert zieht der Zwerg das Bein aus der Felsspalte, lässt sich neben dir auf seinen dicken Hintern plumpsen und stellt den Leinenbeutel neben sich ab.

„Beim buckligen Berggeist ... Danke! Vielen Dank! Das hätte wirklich übel ausgehen können, wenn du nicht gewesen wärest, ________ *(Name des Kindes)*. Ich bin übrigens Bragobroknir Broggason, aber du kannst mich einfach Brago nennen. Schließlich hast du mich gerettet ..."

Er streckt dir seine kleine Hand entgegen und du schüttelst sie freundlich.

„Ich war gerade mit einem wichtigen Auftrag unterwegs, als ich mit meinem Fuß hier hineingerutscht bin ... So was Blödes. Ich hoffe, ich komme jetzt nicht zu spät!"

Mit diesen Worten steht er mühsam auf, schnappt sich seinen Beutel und humpelt ein paar Meter. „Uh ... ah ... uh ...", macht er. „Beim zornigen Zausel ... Das zwiebelt aber noch ganz schön!"

Zögernd dreht er sich um und schaut dich an. „Sag mal", meint er, „könntest du mir wohl nochmal helfen? Ich denke, mit meinem verletzten Fuß kann ich meinen Auftrag nicht wirklich erfüllen ... Und du - mit deinen vielen Abenteuern, deinem Mut und deiner Kraft - bist eigentlich viel besser dafür geeignet ..."

Hm, so humpelnd wird es für Brago wahrscheinlich wirklich schwierig. Du nickst also und Brago lächelt breit. „Oh, das freut mich so. Wir müssen nur über diese Felswand klettern, dann wirst du schon sehen, worum es geht."

Langsam klettert er voran, wimmert zwischendurch leise, hält seinen Leinenbeutel aber immer schön fest. Du folgst ihm, stützt ihn hier und dort, reichst ihm eine Hand und ziehst ihn weiter ... und dann habt ihr das Ende der Felswand erreicht. Brago duckt sich und hält seinen kleinen Zeigefinger auf seine Lippen. „Pst ...", macht er. „Schau mal da!"

Du schaust vorsichtig über den Rand der Felswand und siehst dort ein paar Menschen mit Hacken und großen Hämmern, die Steine und Felsen zertrümmern.

„Die suchen nach Gold und Edelsteinen", flüstert Brago dir zu, „aber die machen dabei unser Zuhause und das Zuhause der guten Berggeister kaputt. Wir Zwerge leben seit Ewigkeiten in diesen Bergen, immer in Harmonie und Frieden mit den Berggeistern, aber das ist diesen Kerlen ganz egal ... Die wollen bloß schnell reich werden."

Grimmig schaut er zu, wie ein weiterer großer Felsbrocken unter den Schlägen der Männer zerbröselt.

„Meine Aufgabe war, diese Kerle zu vertreiben, damit wir Zwerge wieder in Frieden hier leben können. Und dafür habe ich das hier ..."

Er öffnet seinen Leinenbeutel und holt einen sonderbaren Helm hervor. Er ist blau und golden, hat auf der Vorderseite Vogelschwingen eingraviert und obenauf zwei mächtige Hörner[21]. Sieht ganz schön gefährlich aus, aber wie soll so ein Helm die Männer mit ihren Hacken und Hämmern vertreiben?

Als hätte er deine Gedanken gelesen, fährt Brago fort: „Dies ist ein Zauberhelm. Und einer der mächtigsten dazu. Wenn du ihn aufsetzt, kannst du dich in alles verwandeln, das dir einfällt ... Ein Drache, ein großes Wildschwein, ein Riesenbär ... einfach in alles! Wir nennen ihn auch Nebelhelm[22], weil er die eigene Gestalt verschleiert, wie der Nebel das manchmal mit ganzen Landschaften tut."

Wieder schaut er den Männern zu, die einfach nicht aufhören, den Berg zu zerstören.

„Wir graben auch im Berg, weißt du?! Aber an ganz anderen Stellen und nicht hier oben, wo die guten Geister

[21] Die Helme der Wikinger hatten übrigens keine Hörner, denn das wäre in einer Kampfsituation mehr als hinderlich gewesen. Dieser Zauberhelm ist aber etwas Besonderes.

wohnen, die uns Zwerge immer beschützt haben ..."

Er hält dir den Helm hin. „Normalerweise geben wir solche Zauberdinge keinem Menschen, aber bei dir machen wir eine Ausnahme. Du hast schon so oft bewiesen, dass du ein Freund der Tiere und der Kleinen bist ... Also bitte ich dich: Setz ihn auf, verwandel dich in etwas, das die Männer erschrecken wird, und vertreib sie von hier oben. Wie gesagt, der Helm kann dir jede Form geben, die du möchtest: Ein Drache, ein großes Wildschwein, ein Riesenbär ... alles! Du darfst aber niemanden verletzen, sondern sie nur erschrecken ... Meinst du, du kannst das?"

Du überlegst und nickst dann. Dir fällt bestimmt etwas ein, worin du dich verwandeln kannst. Langsam nimmst du den Helm entgegen und setzt ihn auf ... Du wunderst dich noch, dass er sich sofort an deine Größe anpasst, da spürst du auch schon den Nebelzauber, der durch deinen Körper hindurchfließt.

Du schaust auf deine Hände und Füße, die erst fast unsichtbar werden und sich dann verwandeln ...

Ui, kannst du erkennen, was du wirst? Brago schaut dich jedenfalls mit großen Augen an ... Und dann springst, hüpfst, kletterst, läufst oder krabbelst du aus eurem Versteck hervor und zeigst dich den Männern, die den Berg zerstören ...

Die werden aber blass! Sofort lassen sie ihre Werkzeuge fallen und rennen schreiend durcheinander ...

„Oh nein!", rufen sie. „Schnell weg! Schnell weg! Bloß runter vom Berg!"

Sie rennen durcheinander, stolpern über ihre eigenen Füße und machen sich sofort an den Abstieg. Man kann kaum so schnell gucken, wie sie weg sind!

Brago kommt nun auch aus seinem Versteck und lacht. „Ha! Beim hibbeligen Hühnchen! Die sind aber gerannt ... Die kommen bestimmt nicht wieder!"

Er schaut dich lange an. „Na gut", meint er, „wenn ich dich nicht kennen würde, hätte ich wohl auch Angst!" Er schmunzelt.

„Vielen Dank, ________ *(Name des Kindes)*! Das hast du wirklich super gemacht. Möchtest du in dieser Verwandlung noch etwas anderes machen? Wollen wir noch etwas spielen?"

Was immer du möchtest, was immer du dir in dieser Gestalt vorstellen kannst - jetzt hast du die Gelegenheit und die Zeit dafür ...

Nach einer Weile setzt ihr euch wieder nebeneinander auf den Felsen ... und du ziehst nun den Helm vom Kopf. Wieder spürst du die Nebelkraft in deinem Körper, wirst erst fast unsichtbar und bekommst dann wieder deinen gewohnten Körper. Hui, das war aber was! Ein seltsames Gefühl, aber auch ein gutes. Vorsichtig reichst du Brago den Helm zurück, der ihn wieder in seinem Beutel verstaut.

„Das hätte ich wirklich nicht besser machen können!", sagt er. „Oh, schau mal dort ... Da will sich wohl noch jemand bei dir bedanken!"

Er zeigt auf eine Stelle in der Felswand, die jetzt zu schimmern beginnt und wo Nebelschwaden aufsteigen ... Der Nebel wird dichter, und dann kannst du ein kleines Wesen entdecken, das wie ein altes, gebücktes Männlein wirkt, aber weißes Fell und ganz große Augen hat. Langsam kommt das seltsame Wesen auf dich zugetappt und klappert dabei mit einem hölzernen Gehstock auf dem Felsboden.

„Im Namen aller Berggeister möchte ich dir danken", sagt es mit brüchiger Stimme zu dir. „Mit der Kraft deiner Fantasie hast du eine schlimme Bedrohung für unser Zuhause abgewendet. Und du hast dabei niemandem wehgetan ... das finden wir Berggeister besonders gut. Schließlich sollen alle Wesen glücklich sein - und wenn die Männer, die du heute vertrieben hast, auch glücklich werden, dann wollen sie vielleicht auch nicht mehr unbedingt unseren Berg kaputtmachen. Du hast also alles richtig gemacht ... und dafür wollen wir Berggeister dir ein besonderes Geschenk überreichen."

Er kommt noch ein Stück näher und berührt dann ganz vorsichtig mit seinem Holzstock deine Stirn. Sofort spürst du eine ganz schöne Wärme ... und so etwas Ähnliches wie die Nebelkraft des Zauberhelms. Von deiner Stirn aus strömt dieses Gefühl durch deinen ganzen Kopf, durch deinen Hals, deine Brust, deinen Bauch, deine Arme und Beine.

Dann löst der Berggeist seinen Stock wieder von deiner Stirn. „Von diesem Augenblick an", sagt er, „wirst du dich auf jeder Reise, die du machst, in alles verwandeln können. Ganz so, als ob du den Zauberhelm von unserem Freund Brago tragen würdest. Du musst es nur denken, dann kannst du es sein. Das ist das Geschenk der Berggeister für dich!"

Er lächelt dich an und du bedankst dich in deinen eigenen Worten für dieses fantastische Geschenk.

Dann wird der Berggeist irgendwie durchscheinend ... und wie Nebel in der Sonne löst er sich auf.

Brago sitzt neben dir und lächelt dich an. „Was für ein Geschenk!", meint er. „Dann werde ich jetzt zurück zu meinen Leuten gehen, das ist nicht weit von hier. Meinem Knöchel geht es auch schon wieder besser. Und du kannst dich auch auf den Rückweg machen. Und zwar wie immer du willst: Du kannst dich in einen Drachen oder Adler verwandeln und vom Berg herunterfliegen; du kannst eine Bergziege werden und geschickt herunterklettern; du kannst ein hüpfender Drommeldromm werden und von einem Felsen zum anderen springen ... ach, was immer du willst! Und wenn du mich oder die Berggeister irgendwann mal wieder besuchen magst, weißt du ja, wo du uns findest!“

Er reicht dir seine kleine Hand zum Abschied ... und dann dreht er sich um und geht - noch ein ganz kleines bisschen humpelnd und mit seinem Leinenbeutel auf dem Rücken - um den nächsten Felsen herum. Du siehst noch seine rote Mütze wackeln und dann ist er verschwunden.

Und du? Worin verwandelst du dich jetzt? Versuch es einfach ... und werde das, was du jetzt sein möchtest. Und dann machst du dich auf den Weg, den Berg herunter ... Los geht's!

Hui, nicht schlecht, oder?!

Unten angekommen, kannst du dich nun zurückverwandeln und das wunderbare Kind werden, das du bist. Und dann gehst du ein paar Schritte, immer weiter, bis du wieder ganz in deiner Welt ankommst. Hier, wo du gerade dieser Reise, dieser Geschichte, diesem Abenteuer gelauscht hast. Recke und strecke dich ein bisschen, wenn du magst ... und dann öffne langsam wieder deine Augen.

Willkommen zurück, Nebelzauberkind! Willkommen zurück, Wandelwunder!

Fröhlich sei dein Tag, voller Abenteuer und voller Fantasie sei dein Leben!

Sigrun, die singende Seeschlange

Auf dieser Reise lernen die Kinder, dass sie **MUTIGER** als der größte Wikinger sein können, und dass Wesen, die manche für Monster halten, sich in Wirklichkeit als ganz freundliche und **LIEBENSWERTE WESEN** entpuppen können, die sich auch nichts anderes als gute Freunde wünschen.

Wie wäre es heute mal mit einem echten Abenteuer auf See? Ein Ausflug mit Wind und Wellen und lustigen Wikingern ... Hast du Lust?

Dann lass uns einfach losreisen! Mach es dir bequem, schließ deine Augen und nimm erstmal drei tiefe Atemzüge ...

Und schon beginnt unser Abenteuer!

Lass dich jetzt ganz auf deine Fantasie ein und stell dir vor, wie du plötzlich an einem Hafen einer Wikingersiedlung spazieren gehst. Es riecht nach Fisch und Holz, das Wasser plätschert an den Steg ... Menschen in bunter Kleidung laufen geschäftig umher, hier liegen ein paar kleine Ruderboote im Wasser und dort ein größeres Fischerboot ... und dahinten, ganz am Ende des Stegs kannst du ein echtes Drachenboot erkennen. Stolz schaukelt es in den sanften

Wellen: wunderbares Holz, bunte Schilde an der Reling und ganz vorne ein geschnitzter Drachenkopf, der aufs offene Meer hinaussieht.

An Bord ist viel los, Männer und Frauen laufen umher, verstauen dies und das, heben kleine Fässer hierhin und verzierte Truhen dorthin ... Und während du dir alles neugierig anschaust, spricht dich auf einmal einer der Wikinger an. Er ist groß und hat richtig dicke Muckis, einen langen roten Bart und ebensolche Zöpfe, die unter seinem Helm hervorschauen.

„Hey!", ruft er, was hier eine höfliche Begrüßung ist. „Hey, du bist doch ________ *(Name des Kindes)*! Magst du vielleicht mit uns mitfahren? Der *Fjordfalke* ist gerade repariert worden und wir wollen ausprobieren, ob er immer noch so ein schnelles Schiff ist ..."

Eine Probefahrt im Drachenboot? Wer würde dazu Nein sagen?!

Und so springst du begeistert an Bord, wo alle Wikinger und Wikingerfrauen dich sogleich freudig begrüßen.

„Ich bin übrigens Nils", sagt der riesige Wikinger mit dem roten Bart. Und auch alle anderen nennen dir ihre Namen, aber die ganzen Eriks, Oles, Svenjas, Ragnars und Idunas kannst du dir unmöglich merken. Was du aber sofort spürst ist, dass alle unglaublich freundlich sind und sich sehr auf die Fahrt mit dem *Fjordfalken* freuen ...

Und da lösen sie auch schon die Taue vom Steg, legen sich in die Ruder und fahren mit dem Boot in Richtung offenes Meer. Ein paar Minuten später setzen sie das Segel: rot-weiß gestreift entrollt es sich im Wind, bläht sich auf und lässt euch gleich viel schneller vorankommen.

Wow, das ist ja wirklich unglaublich, wie viel Kraft der Wind auf See hat!

Die Wellen schäumen vor dem Bug und dem geschnitzten Drachenkopf des Bootes, und ihr fliegt förmlich über das Wasser. „Na, was habe ich euch gesagt?“, ruft Nils aufgeregt. „Der Fjordfalke ist immer noch das schnellste Schiff weit und breit!“ Er ist sichtlich stolz auf sein Schiff, grinst hinter seinem zottigen Bart und fühlt sich rundum wohl.

Und auch du fühlst dich wohl. Die Wellen, der Wind, die Geschwindigkeit - das macht alles richtig Spaß.

Da fällt dein Blick auf eine ganz komische Welle, die direkt neben dem Boot auftaucht ... und auch die Wikinger schauen plötzlich alle dorthin. Einer wird ganz blass und ruft aus Leibeskräften: „Hilfe, ein schreckliches Seeungeheuer! Hilfe!“

Alle sind plötzlich ganz ängstlich, vor allem, als der Wind von einem Augenblick zum anderen aufhört zu wehen und das Drachenboot ganz still im ruhigen Wasser liegt.

Die komische Welle kommt näher ... und einige der Wikinger verstecken sich zitternd hinter Fässern und Truhen.

Und dann taucht aus dem Wasser ein riesiger Kopf auf und beugt sich über die Reling: Grün und blau, mit großen, ganz lieben Augen, langen Wimpern und einem freundlichen Lächeln.

Nils kreischt entsetzt ... und du wusstest gar nicht, was Wikinger für hohe Stimmen haben können!

„Ein See... See... See... Seemonster!“, bibbert er jetzt, während sich alle abducken. Aber für dich sieht dieses große Tier überhaupt nicht nach einem Monster aus, sondern im Gegenteil: Eigentlich ist das ein sehr hübsches und irgendwie auch niedliches Meereswesen. Mutig machst du ein paar Schritte auf das Wesen zu ... und die Wikinger machen große Augen.

„Hallo du ...“, sagt das Meereswesen mit sanfter Stimme und legt den Kopf schief. „Von deinem Mut habe ich schon gehört, ________*(Name des Kindes)*! Wie schön, dass wir uns kennenlernen. Ich bin Sigrun, eine Seeschlange![23]“

Und als dann ihre Zunge aus ihrem großen Maul zischelt, siehst du, dass die auch aussieht wie bei einer Schlange. Ganz lang und vorne gespalten.

Sigrun schiebt sich nun noch ein bisschen näher an dich heran, klimpert ein bisschen mit ihren langen Wimpern und deutet mit ihrem Kopf auf die verängstigten Wikinger, die sich immer noch hinter den Fässern und Truhen verstecken. „Meinst du, du könntest allen sagen, dass ich gar nicht gefährlich bin? Weißt du, ich bin Vegetarierin, mag Gedichte und Lieder, liege gern auf einer Sandbank in der Sonne und tue niemandem etwas! Ich wollte euch nur anschauen und ein bisschen mit euch quatschen ... vielleicht neue Freunde finden.“

[23] Die Vorstellung von Seeschlangen muss für die zur See fahrenden Wikinger tatsächlich erschreckend gewesen sein. In der Mythologie kommt bspw. Jörmungandr (auch Midgardschlange genannt) vor, eine ganz Midgard umspannende Schlange, die zu den Feinden der Götter zählt. Unsere Sigrun ist aber ein ganz anderes Kaliber ...

Du drehst dich um und versuchst die Wikinger zu überzeugen, aber sie glauben so sehr, dass die Seeschlange gefährlich ist, dass sich niemand näher herantraut.

Hm, du überlegst ... Was könntet ihr denn machen, damit die Wikinger keine Angst mehr haben? Ah, da fällt dir etwas ein. Hat Sigrun nicht gerade gesagt, dass sie Lieder mag? Wer hat schon Angst, wenn er Musik hört?! Und du schlägst Sigrun vor, ob sie nicht ein Lied singen könnte ...

Sigrun lächelt schüchtern ... klimpert wieder mit ihren Wimpern und erhebt dann ihre Stimme, die ganz wundervoll nach der Tiefe des Meeres klingt:

„Das Glitzern und Schimmern,
das Leuchten und Flimmern ...
jede Welle erfreut so mein Herz!

Das Rauschen und Singen,
das Zischen und Klingen,
der Wind, der zieht mich nordwärts!

Das Meer und die Sonne,
die Robben voll Wonne,
was ich mag, ist ganz nah bei mir!

Die Möwen und Wale,
die Krabben und Aale,
das große Blau gefällt auch dir!“

Voller Freude klatschst du den Takt zu diesem schönen Lied und jetzt siehst du auch einige der Wikinger, die zu lächeln beginnen. Ein Lied über das Meer ... das mögen sie natürlich auch. Ein paar beginnen zu schunkeln, eine der Wikingerfrauen klatscht ebenfalls im Takt mit ... und dann kramt ein alter Mann aus seinem abgewetzten Lederrucksack eine kleine Art Harfe[24] hervor und beginnt darauf zu spielen, sodass das Lied noch viel schöner wird.

Kannst du es hören?

Irgendwann trauen sich die Wikinger auch aufzustehen und vorsichtig näher zu kommen, während Sigrun immer weiter singt und alle von ihrer schönen Stimme betört sind. Die Wikinger freuen sich, dass sie nun doch nicht von einem schrecklichen Seeungeheuer angegriffen werden, Sigrun freut sich, dass nun niemand mehr Angst vor ihr hat, und du freust dich, dass alle deine neuen Freunde und Freundinnen sich gut miteinander verstehen.

Dann endet das Lied langsam ... Die letzten Strophen verklingen, alle stehen ganz still da und lächeln, und das einzige, was man jetzt noch hört, sind die leise plätschernden Wellen, die an den Bootsrumpf schlagen.

---

[24] So eine „Harfe" nannte man Lyra oder Leier, und sie gehört zu den ältesten Saiteninstrumenten überhaupt. 2012 wurden auf der Insel Skye vor Schottland die Überreste eines solchen Instrumentes gefunden, die wahrscheinlich 2300 Jahre alt sind.

„Also, ich muss sagen", meldet sich nun einer der Wikinger zu Wort und macht eine lange Pause, bevor er weiterspricht, „ich muss sagen ... dass Nils am meisten Angst hatte!" Er prustet los und alle anderen müssen auch schallend lachen. Selbst der große Nils, obwohl es ihm auch ein bisschen peinlich ist.

„Moment, Moment ...", ruft Nils, als sich alle einigermaßen beruhigt haben. „Vielleicht hatte ich wirklich ein ganz kleines bisschen Angst ... Aber viel wichtiger ist, dass jemand ganz Besonderes hier an Bord überhaupt keine Angst hatte und uns allen gezeigt hat, dass wir uns in Sigrun getäuscht hatten ... _________*(Name des Kindes)*, du bist wirklich das mutigste Wikinger-Kind, das ich kenne!"

Alle applaudieren und lassen dich hochleben ... und auch Sigrun nickt anerkennend mit ihrem großen grünblauen Kopf.

Dann fällt euch auf, dass es immer noch keinen Wind gibt ... und bei der Aussicht darauf, den ganzen Weg zurückzurudern, wird die Stimmung etwas schlechter.

„Oje!"

„Ach, du grüne Neune!"

„Bei Njörds Bart ..."

„Mistekiste!"

Die Wikinger und Wikingerfrauen lassen die Köpfe hängen, doch Sigrun hat eine tolle Idee. „Ich kann euch zum Hafen ziehen", bietet sie an. Und begeistert machen die Wikinger ein Seil zurecht, was mit einem Ende am Boot befestigt wird, während Sigrun sich das andere Ende geschickt umlegt.

Dann schwimmt sie mit schlängelnden Bewegungen auf das weit entfernte Ufer zu ... und zieht das Drachenboot einfach mit, als wäre das gar nichts.

Die Fahrt ist jetzt noch viel schneller als eben mit dem Wind und dem Segel, und das Wasser spritzt über die Reling, sodass alle ordentlich nass werden.

Das stört aber niemanden, denn diese wilde Fahrt mit der Seeschlange macht viel zu sehr Spaß, als dass man sich über ein paar nasse Sachen Sorgen machen würde ...

Und ruckzuck seid ihr auch schon zurück im Hafen. Die Leute staunen nicht schlecht, als sie Sigrun sehen, die den *Fjordfalken* zieht ... doch Nils ruft ihnen schon von Weitem zu, dass alles in Ordnung ist und sie in Sigrun eine neue Freundin gefunden haben.

Ihr legt an, vertäut das Boot wieder und springt auf den Steg, wo schon alle anderen Wikinger neugierig Sigrun bestaunen. „Oh" und „Ah" machen sie, und Nils erzählt ihnen alles, was sich zugetragen hat. Auch, dass er Angst hatte, erzählt er, und alle nicken, weil sie genau wissen, dass sie wohl auch Angst gehabt hätten. Gelacht wird trotzdem, weil Nils so stark ist und es verträgt, wenn man ihn ein bisschen foppt. Dir klopft man auf die Schulter ... und irgendwann beugt sich auch noch einmal Sigrun aus dem Wasser zu dir und flüstert dir ins Ohr: „Danke! Danke für deinen Mut und für all meine neuen Freunde!"

Du streichelst ihr über die nasse Wange, sie zwinkert dir zu ... und dann wird es auch Zeit für dich, wieder nach Hause zurückzukehren. Du winkst allen zu, und Nils betont nochmal, dass du immer hier im Dorf willkommen bist und jederzeit mit dem *Fjordfalken* mitfahren kannst, wenn du magst.

Und dann winken alle Wikinger und Wikingerfrauen, Sigrun lächelt dich an ... und du drehst dich um, gehst über den Steg zurück durch das Dorf ... die Geräusche vom Hafen verklingen langsam hinter dir ... und dann kommst du ganz in deinem Tempo wieder hierher zurück ... Zurück nach Hause, dorthin, wo dir gerade diese Geschichte vorgelesen wurde und du auf Reisen begleitet worden bist ...

Atme noch dreimal ganz tief durch ... und dann öffne wieder deine Augen!

Fröhlich sei dein Tag, voller guter Freunde sei dein Leben!

INSPIRATIONEN ZUM GEMEINSAMEN ERLEBEN NACH DEN REISEN

Es gibt so viele Möglichkeiten, die geführten Meditationen als Alltagsabenteuer zu integrieren und für Wurzeln sowie Wachstum des Kindes nährend einzusetzen. Hierzu haben wir über die Jahre eine Fülle von Inspirationen zusammengetragen, die wir von Herzen gern als Anregungen teilen. Diese eignen sich sowohl für Familien als auch für Kindergruppen in vielfältiger Form.

Mit den Kindern nach der Fantasiereise über das Erlebte sprechen – sei es im Kinderzimmer zu zweit oder in einer Gruppe, die Sie anleiten durften, gehört zu den schönsten Momenten rund um die Meditationsreisen. Für die Nachgespräche mit den Gruppen eignet es sich ganz hervorragend, in einem gemütlichen Kreis zusammenzukommen und einen Redestab (oder ein Redekuscheltier) herumzugeben, sodass jede*r gehört wird, die/der gern etwas teilen möchte. Niemand muss in der Gruppe sprechen, darf jedoch herzlich gern, und gibt ansonsten einfach den Stab (oder das Kuscheltier) weiter. Fragen Sie einfach, was das Kind mit Ihnen teilen möchte.

Viele unserer Geschichten bieten eine gute Gesprächsgrundlage: Zuerst erlebt das Kind etwas auf einer inneren Reise, dann kann mit ihm darüber gesprochen werden. Wenn einem Kind eine Gottheit oder ein Tier begegnet, die oder das es besonders beeindruckt bzw. zu der oder dem es eine große Nähe spürt oder von der/dem es viel Trost erfährt, kann man diese Energie für den Alltag des Kindes sichtbar machen, indem man vielleicht ein entsprechendes

Kuschel-, Holz- oder Plastiktier besorgt. Je nach Alter kann das Kind hiermit weitere Geschichten im Zimmer selbst spielen und damit das, was es im Inneren bewegt, auch viel leichter ausdrücken und ggf. auch verarbeiten. Eine Gottheit kann man häufig als kleines Figürchen besorgen und auch einen „Mini-Altar" mit frischen Blumen oder ein paar Gaben wie Münzen, Nüssen oder besonderen Steinen vom letzten Spaziergang errichten. Das Tier kann auch als kuscheliger Freund abends mit zu Bett genommen werden und dann helfen, leichter einzuschlafen, sich beschützt zu fühlen oder auch mal heimlich unter der Decke noch weiter zu quatschen, wenn das Licht schon aus ist. Für die Kinder ist es mit diesen „Stellvertreter-Tieren" leichter, nach den vorgelesenen Geschichten auch eigene zu ersinnen oder weitere Begegnungen entstehen zu lassen. Es knüpft an beliebte Geschichten bzw. schöne Erlebnisse an und erzählt sie sich selbst ganz natürlich weiter, webt eigene Themen mit hinein und stärkt damit das eigene Innere sowie die Fähigkeit, die Fantasie erblühen zu lassen.

Natürlich können Sie dem Kind dann, wenn es möchte, mehr zu diesem Tier zeigen oder vorlesen, gemeinsam Tierdokumentationen anschauen und das Wissen über dieses Tier erweitern. Gleiches gilt für andere mythologische Wesen und ebenso für Göttinnen bzw. Götter. In den Literaturempfehlungen finden Sie einige Bücher, in denen Sie Dinge nachschlagen können, um sie dann kindgerecht umformuliert erzählen zu können. Viele Geschichten der nordischen Mythologie sind überraschend humorvoll und können durchaus Kindern nahegebracht werden. So kann das Kind noch tiefer in die tierische Welt oder die alten Mythen eintauchen, lernt spielerisch dazu und erfährt die unterschiedlichsten Facetten unserer Kultur bzw. des heimischen Waldes.

Wenn Sie alle dazu Lust haben, können Sie auch den Inhalt der Reisen, nachdem Ihr Kind „zurückgekehrt“ ist, im Rahmen eines Rollenspiels oder mit Spielfiguren, die Sie bzw. Ihr Kind bereits zuhause haben, nachspielen und selbstverständlich auch die Geschichte umdichten, neu erfinden oder weiterspinnen. Damit bietet sich dem Kind eine weitere Möglichkeit der Verarbeitung und der Verinnerlichung – und mehr Zeit mit Mama oder Papa!

All die kleinen selbst erdachten Theaterstücke der Kinder nach Meditationen waren und sind für uns immer wieder ein Genuss und wir erkannten dadurch, wie gut die Kinder die Erlebnisse im Nachgang verinnerlichen und wiederum uns Erwachsenen das gerade frisch Gelernte nahebringen wollen. Ganz eifrig spielen sie uns genau das vor, was sie selbst besonders beeindruckt hat oder sie ganz neu erfahren haben. So bekommen sie auch die Möglichkeit, uns etwas „beizubringen“. Eine besondere Freude waren für uns auch die Stücke, in denen wir selbst mitspielen durften: aus alten Kartons und Stoffresten, Wasserfarben und Filzstiften, buntem Papier und ganz viel Fantasie sind viele unglaubliche Kulissen entstanden, in denen einige sehr herzige Uraufführungen stattfanden.

Die tierischen Szenerien eigenen sich auch wundervoll für Collagen, selbstgemalte Poster und Bilder, die den Kindern die wichtigste Szene ihrer Reise immer wieder in Erinnerung bringen können und die Verbindung zu den nährenden Kräften, die darin verwoben sind, stärken. Wir empfehlen daher das (gemeinsame) Malen und Basteln ebenfalls sehr! Fragen Sie einfach nach dem Bild, das das Kind am liebsten vor Ort fotografiert hätte, oder dem schönsten Moment und lassen sie es dieses Bild zeichnen.

Auch in der Arbeit mit Schulklassen haben wir nach der gemeinsamen Reise in einem großen Kreis das Erlebte miteinander geteilt und danach ein Bild des Tieres, das es in der Umgebung zeigt, in der man es getroffen hat, gemalt. Hier hat es sich sehr bewährt, mit den Kindern gemeinsam eine „Postkarte" für die Eltern zu malen, die leider nicht mit auf diesem Ausflug waren.

Die Reisen spielen sich vor den inneren Augen ab, bewegen den Geist, nähren Fantasie und Kreativität – und bleiben damit zunächst innerhalb der mentalen Bereiche. Schon durch das Aussprechen im Nachgang wird das Erlebnis ein wenig realer, greifbarer und damit auch verständlicher. Es kann tiefere Wurzeln schlagen als „nur" im Geist. Das wichtigste Erlebnis mit einem anderen Menschen zu teilen, schafft eine besondere Form der Nähe, verbindet miteinander und transportiert das Ganze aus dem reinen Geistigen sowohl tief ins eigene Innere als auch ins Äußere und damit ins große Ganze. Blühende Fantasie, erfüllendes Erleben und spannende Erfahrungen dürfen auf einem Blatt bunte Wirklichkeit werden oder als Geschichte mit wirklichen Figuren nacherlebt werden. So berichtet zunächst der Mund, danach setzen kreative Hände es um oder spielen es vor und erschaffen einen ganz eigenen Ausdruck.

Die Kinder vermitteln recht deutlich, welche Reisen in ihnen etwas angeregt haben, das sie unbedingt noch vertiefen oder auf besondere Weise mit uns teilen möchten.

Auch Ihrer persönlichen kreativen Umsetzung sind hier (fast) keine Grenzen gesetzt und Ihr Kind wird diesen Einsatz sehr zu schätzen wissen. Vielleicht erkennen Sie beim Vorlesen bestimmte Gegenden wieder oder wissen, wo ein echtes Erleben und Kennenlernen der genannten Pflanzen und Tiere möglich wäre und können einen gemeinsamen Familienausflug oder Spaziergang anschließen?

Als mögliche Inspiration: es kommt immer mal wieder die Formulierung „urwüchsige Landschaft“ oder Ähnliches vor und hier wäre ein Besuch in einem unserer letzten Urwälder (als Ergänzung zu anderen Waldbesuchen) z. B. im bekannten Sabawald eine schöne Idee. Auch hier wird das Vorgelesene ein Stück weit greifbarer und damit gleichzeitig realer und doch auch so viel magischer. Das Kind spürt, dass es sich „nicht nur“ um eine Geschichte handelt, sondern dass diese Wald-Welten auch tatsächlich existieren. Das ist ein schöner Weg, den Wald wirklich tatkräftig zu entdecken und so einem Natur-Defizit-Syndrom entgegenzuwirken. Gleiches gilt für die Geschichten, die am Meer spielen und dazu einladen, mit den Kindern urige kleine Häfen mit vielen Booten anzusteuern und ihnen solche heutige Atmosphäre zu zeigen. Für ganz Wissbegierige eignet sich auch ein Besuch in einem Freilichtmuseum der Wikingerzeit und ein Umherwandern in den reetgedeckten Langhäusern, ein Besuch in einem Museum zu diesen Themen oder sogenannte „Wikingertage", die häufig nahe solcher Freilichtmuseen oder an historischen Orten wie z. B. Haithabu (Schleswig-Holstein) mit Märkten, Vorführungen, Darstellern und Geschichtenerzählerinnen stattfinden. Selbstverständlich lassen auch Mittelaltermärkte all das ein klein wenig erlebbar werden. Hier kann man altertümliche Kleidung, früheres Leben und Arbeiten bestaunen und manchmal auch an kleinen Workshops teilnehmen, in denen auf uralte Weise Brot gebacken, ein Schild gebastelt und bemalt oder ein Stoffgürtel gewebt werden kann.

Ob Sie nun einen Spaziergang in den nächstgelegenen Park, einen Erkundungsgang im eigenen Garten, einen Ausflug zu einem nahen Urwald oder in den bekannten Wald hinter dem Gartenzaun oder in einen Hafen, auf einen Mittelaltermarkt bzw. in ein Freilichtmuseum machen – an all diesen Orten lassen Sie sich gemeinsam frischen Wind um die Nase wehen, tanken auf, erleben Qualitätszeit und können nach Lust und Laune direkt dort in der Natur gemeinsam ein eigenes Ritual erfinden und durchführen oder ein passendes Spiel kreieren.

Und wenn Sie und Ihre Kinder mögen: Wir freuen uns jetzt schon auf Zusendungen von Bildern und Ritualideen, Fotos und Erlebnisberichten, falls Sie uns damit erfreuen möchten:

Jennie Appel & Dirk Grosser
Gerkensrode 13
32689 Kalletal

Oder:
info@jennie-appel.de / info@dirk-grosser.de

SCHLUSSWORT

Sich Geschichten, innere Reisen und Meditationen für Kinder auszudenken, ist eine wunderbare Aufgabe, die die eigene Fantasie stärkt und den „uralten Kinderzimmerzauber" zurück ins eigene Leben bringt. Manchmal hat man den genauen Ablauf vor Augen, bevor man mit dem Schreiben beginnt, manchmal entwickeln die Geschichten eine gewisse Eigendynamik und steuern in eine Richtung, die man zuvor nicht geplant hatte. Da sagt dann die Eule etwas, was einen selbst zum Schmunzeln bringt, die Kuh entpuppt sich als Reimeschmiedin, oder der kleine Wassergeist erzählt auf eine Weise von Dingen, die einem persönlich wichtig sind, die man in einem reinen Sachbuch aber niemals auf diese Weise ausgedrückt hätte. Wir fühlen uns daher selbst von jeder Geschichte beschenkt und sind allen Tieren, Gottheiten und kindlichen Reisenden dafür dankbar, dass wir all dies aufschreiben und veröffentlichen können.

Wir stellen uns gern vor, wie die Kinder ihre ganz eigene Meditations- und Achtsamkeitspraxis entwickeln, kreativ und fantasievoll eigene Reisen und Geschichten erfinden, ihr Innerstes und ihre eigene Kraft erfahren, während ihre Herzen mit zankenden Ziegen, flitzenden Eichhörnchen, rennenden Wölfen, teetrinkenden Waldschraten oder achtbeinigen Pferden verbunden sind. Wir stellen uns vor, wie die Kinder die Welt als einen bunten, vor Lebendigkeit überquellenden Ort der Wunder entdecken, wie sie unterschiedliche Mythen oder Glaubensvorstellungen als gleichwertig nebeneinander existierende Weisheitswege betrachten lernen und wie sie ihren eigenen Weg in dieser Vielfalt als einzigartig und überaus wertvoll erkennen.

Und zugleich ist es eine unserer Lieblingsvorstellungen, dass die Erwachsenen, die diese Reisen vorlesen und mit den Kindern „unterwegs“ sind, ebenfalls wieder etwas von der Magie spüren, die sie selbst in ihrer Kindheit belebt und getragen hat.

Unserer Meinung nach braucht die Welt starke Kinderseelen mit offenem Geist und mitfühlendem Herzen - und Erwachsene, die sich ebenfalls verzaubern lassen können und sich auf die abenteuerlichen Reisen mit den kleinen Entdeckern einlassen.

Magie, Begeisterung, Kreativität und eine tiefe Liebe zur Welt und ihren so unterschiedlichen Wesen - das ist es, was diese Geschichten als Essenz in sich tragen und was sich durch jede vorgelesene und erlebte Reise ein bisschen mehr im ganz normalen Alltag zeigen darf.

DANKSAGUNG

Unser erster Dank gilt wie immer allen Kindern, Eltern und Großeltern, allen (Yoga-)Lehrern und Erziehern, die uns an ihren Erfahrungen mit den Reisen unserer Bücher teilhaben ließen - alle diese Rückmeldungen sind in gewisser Weise in dieses neue Buch eingeflossen, haben unser Denken und unser Schreiben bereichert. Eure Erlebnisse, eure gemalten Bilder und eure strahlenden Augen waren und sind für uns nach wie vor die größte Inspirationsquelle, die wir uns vorstellen können!

Ganz besonders möchten wir unseren Freunden Susanne Hiebsch, Beate und Frank Simon, Dominique Bonnard, Hannah Wiggenhauser, Arno Gerkowski und Beate Rösler danken, mit denen wir so viele Stunden in der Natur bei guten Gesprächen verbringen durften ... Jede Minute mit euch bedeutet uns so viel!

Ebenso danken wir Brigitte Kuka für ihre wundervollen Illustrationen, die unseren Geschichten nochmal auf einer ganz anderen Ebene Leben einhauchen, sowie Annika Huck-Kamphausen und dem gesamten Team des Kamphausen Verlages - euer Vertrauen in uns und unsere Arbeit ehrt uns sehr!

Zu guter Letzt noch ein großes Dankeschön an unsere Hunde Runa und Mailo, die uns bei jedem Wetter vor die Tür zerren, dafür sorgen, dass wir nicht am Schreibtisch festwachsen und uns so derzeit tägliche Begegnungen mit Reh, Fuchs, Falke und Hase zuteilwerden! Wie gut, dass es euch gibt ...

EMPFOHLENE LITERATUR FÜR KINDER

Jennie Appel & Dirk Grosser: Zauberwald und Zwergenkraft. Meditationen für starke Kinder. Aurum Verlag, Bielefeld 2019

Jennie Appel & Dirk Grosser: Bärenstark & falkenfrei. Meditationen für starke Kinder. Aurum Verlag, Bielefeld 2019

Jennie Appel & Dirk Grosser: Du bist nie allein! Für kleine Yogis und Yoginis. Meditationen und Fantasiereisen, die Kinderseelen stark machen. Schirner Verlag, Darmstadt 2016

Rachel Bright & Jim Field: Kleiner Wolf in weiter Welt. Magellan Verlag, Bamberg, 2019

Wieland Freund: Nemi und der Hehmann. Beltz Verlag, Weinheim 2019

Fiona Macdonald: Wikinger: Das Mitmach-Buch. Essen, spielen, schreiben und sich kleiden wie die Wikinger. Tosa Verlag, Dresden 2011

Helge Olsson: Nordische Mythologie für Kinder. Nordische Mythen und Sagen kindgerecht und unterhaltsam erzählt. Eulogia Verlag, Hamburg 2020

Stefanie Taschinski: Funklerwald. Oetinger Verlag, Hamburg 2015

EMPFOHLENE LITERATUR FÜR ERWACHSENE

Jennie Appel & Dirk Grosser: Urkraft des Nordens. Aurum Verlag 2021

Jennie Appel & Dirk Grosser: Kraftort Natur. Gräfe und Unzer Verlag, München 2018

Jennie Appel: Wer wachsen will, braucht starke Wurzeln. Mit der Kraft des Schamanismus sein volles Potenzial entfalten. Gräfe und Unzer Verlag, München 2016

Jennie Appel & Dirk Grosser: Ahnenreise. Schamanisch-meditative Wege zu unseren Wurzeln. Arun Verlag, Uhlstädt-Kirchhasel 2012

Johan Egerkrans: Nordische Götter. Atrium Verlag, Zürich 2019

Neil Gaiman: Nordische Mythen und Sagen. Eichborn Verlag, Köln 2017

Ralph Metzner: Der Brunnen der Erinnerung. Die mythologischen und schamanischen Wurzeln unserer Kultur. Arun Verlag, Uhlstädt-Kirchhasel 2012

Jörn Staecker & Matthias Toplak (Hrsg.): Die Wikinger. Entdecker und Eroberer. Propyläen Verlag, Berlin 2019

Anders Winroth: Die Wikinger. Das Zeitalter des Nordens. Klett-Cotta Verlag, Stuttgart 2016

ÜBER DIE AUTOREN

Jennie Appel und Dirk Grosser leben und arbeiten gemeinsam im schönen Kalletal, geben einzeln und zusammen Kurse in ihrer Jurte oder an anderen Orten in ganz Deutschland und Irland. Sowohl in ihren schamanischen Seminaren und Ausbildungsreihen als auch in den Meditationskursen und anderen Angeboten zu mythologischen, spirituellen und transformativen Themen finden sich immer wieder starke Bezüge zur Natur, die ihnen beiden sehr am Herzen liegt. Sie sind bekannt für ihre bodenständige und stets humorvolle Art der Wissensvermittlung und ihre warmherzige und kompetente Begleitung in spirituellen Prozessen. Als Autoren von mehr als einem Dutzend Büchern und ebenso vielen Musik- und Meditations-CDs sind sie mittlerweile einem großen Publikum vertraut. Mit ihren Hunden sind sie oft auf langen Spaziergängen unterwegs und leben das, was sie schreiben und lehren.

www.jennie-appel.de *www.dirk-grosser.de*

Jennie Appel & Dirk Grosser
Zauberwald & Zwergenkraft
ISBN 978-3-95883-441-5
200 Seiten, Broschur

ISBN 978-3-95883-491-0
Gesamtspieldauer: 73:53 Min.

Illustrierte und überarbeitete Neuausgabe des Bestsellers „Du bist nie allein" mit zwei neuen Meditationen und integrierter CD mit fünf geführten Fantasiereisen.

Auf Traumpfaden wandeln, mit der Bergziege zu Burg Krähenhall klettern, Drachen und weise Schildkröten treffen oder Großmutter Mond, die Hüterin der Gefühle, kennenlernen: Jennie Appel und Dirk Grosser verstehen es auf wunderbare Weise, Kinder mit Fantasiereisen an Orte zu führen, an denen sie Geborgenheit und Kraft erfahren, ihre Ängste den Erdwichteln übergeben können und Gelegenheit haben, ganz bei sich anzukommen. Eltern und Bezugspersonen können durch diese einfühlsamen Geschichten auch in einem anforderungsreichen Alltag gemeinsame Ruhephasen schaffen und Kinder behutsam in ihr Inneres führen, sodass sie gestärkt, selbstbewusst und vertrauensvoll ihren eigenen Weg finden.

Jennie Appel & Dirk Grosser
Bärenstark & Falkenfrei
ISBN 978-3-95883-443-9
200 Seiten, Broschur

ISBN 978-3-95883-492-7
Gesamtspieldauer: 67:31 Min.

Der Fantasie und Vorstellungskraft noch mehr Raum geben

Die neuen Geschichten, Meditationen und Fantasiereisen dieses Buches bilden die innige Verbindung zwischen Kindern und unseren heimischen Wäldern auf wunderbare Weise ab:
Sie laden die Kinder ein, die Welt der Waldbewohner zu entdecken, sie kennenzulernen, ihnen manches Mal zu helfen und ebenso von ihnen unterstützt zu werden, sich in Gegenwart eines starken Bären wohlzufühlen und mit einem weisen Uhu die Geheimnisse des Waldes zu verstehen.
Wölfe, Wildschweine, Milane, Kröten und gar nicht so ängstliche Hasen schenken den Kindern Vertrauen, Schutz und Ausgeglichenheit, fördern Kinder, angstfreier und selbstbewusster ihren Alltag zu erleben, wecken die Lust, Erfahrungen in der Natur zu machen und wieder öfter draußen zu spielen.

Dirk Grosser und Jennie Appel
Drachenboot und Donnerkeil
Fantasiereisen für mutige Schildmaiden und starke Wikinger

Gesamtgestaltung und Satz: Tina Agard Grafik & Buchdesign, Esslingen am Neckar
Illustrationen: Brigitte Kuka, Bielefeld
Druck & Verarbeitung: Beltz Grafische Betriebe GmbH, Bad Langensalza

info@kamphausen.media | www.kamphausen.media

ISBN Print: 978-3-95883-523-8
ISBN eBook: 978-3-95883-524-5

1. Auflage 2021

Bibliografische Information der Deutschen Nationalbibliothek
Die Deutsche Nationalbibliothek verzeichnet diese Publikation in der Deutschen Nationalbibliografie; detaillierte bibliografische Daten sind im Internet über http://dnb.de abrufbar.